親子の手帖

増補版

鳥影社

鳥羽和久

親子の手帖　増補版

もくじ

まえがき　7

第1章　私の不安を知ることで、子育ては変わる　15

1　親の不安は子に伝播する　17
2　親の言うことを聞かない子ども　23
3　子どもの叱り方　27
4　何のために勉強するの？　38
5　管理される子どもたち　44
6　全部、僕のせいなの？　51
7　放っておけない親　57

第2章

親はこうして、子をコントロールする 63

1 成功体験は危ない!? 65
2 ある母と娘との電話 69
3 親はこうして子をコントロールする 76
4 カンニングをする子どもたち 84
5 幻想の共同体、母と娘 92
6 親は子どもの「好き」を殺してしまうかもしれない 106
7 なぜ偏差値の高い学校を目指すのか 110
8 小中学受験と親 115
9 葛藤との向き合い方 120
10 受験直前の子どもとの付き合い方 122

第3章 苦しむ子どもたちと、そのとき大人ができること 127

1 学力と差別の問題 129
2 身近になった障害 132
3 「勉強ができない」と下を向かなくてもいい 136
4 LD（学習障害）の子どもの将来 142
5 発達障害の子どもと夫婦の問題 149
6 良い父親 160
7 良い母親 164
8 家庭でも学校でもない、第三の居場所 172
9 子どものいじめと大人の接し方 175

第4章 子どもの未来のために 181

1 子どもの夢について 183
2 大人になるということ 186
3 子育てに熱中すること、子育てから逃避すること 191
4 理解のある親と子どもの精神 195
5 親にとって子育てとは 198

あとがき 204
増補版に寄せて 215
解説 村井理子 218

装画・挿画　元永彩子
写真［あとがき］　酒井咲帆（ALBUS）
ブックデザイン　渋井史生（PANKEY）

まえがき

先日、ある中三の生徒が私のそばにやってきて、ぽつぽつと言葉を繋《つな》ぎはじめました。

「僕は、いつから自分に対する否定感情がこんなに強くなったか、わからないんです。」

彼は涙目でした。私は次の言葉を待ちました。

「親とか、周りの大人とかが、僕のことを大切に思ってくれていることはわかっているんです。僕はそのことにとても感謝しています。」

「うん。」

「……でも、もう、僕のこと……いっそのこと手放してくれたら、いいのに。」

彼の目からは大粒の涙が溢《あふ》れはじめました。

彼は親からの愛情を受け止めながら、それでも苦しんでいました。親は子どもに愛情を傾けることで、子どもの幸せを祈っています。だから、子どもの心を見つめ、愛情を注ぐことは、子どもの幸せに直結するはずと信じたい思いもあります。しかし、親の愛情＝《イコール》子どもの幸せ、という単純な方程式は存在しません。私たちは、伝わるようで伝わらない、届くようで届かない、そういった困難の中で子どもたちと日々を暮らしていて、子どもが苦しんでいるときには、ただそばにいる、それだけしかできないこともあるでしょう。

　彼が辛うじて言葉を繋いだそのとき、私は何も気の利いたことを言うことができませんでした。でも、彼がそうやって言葉を吐露したという事実が、私をひとまず安堵《あんど》させました。今日こうしてその言葉をしぼり出したことで、彼はきっともう少し生きていけるはず、そう思ったからです。私自身が「いっそのこと手放してくれたらいいのに」と彼に言わしめた大人のひとりかもしれない、そんなことを考えながら、でも、これからも彼が苦しいときに、私がそれを吐き出す場にさえなれたらそれでいいのかもしれないと思いました。

私の場合には教師と生徒の関係ですが、それが親と子の場合となると、その関係性が宿命的に近く、距離の取り方が難しいものです。思春期の子どもにとって、親という存在はあまりに重すぎて、なかなか簡単に自分の内面を吐露できるような相手ではありません。それなのに、親のほうは子どものことをわかりたいし、わかっていると思いたいものです。そのせいで、子どものことを、つい自分と同一視してみたり、あるいは自分の所有物のように考えて怒り散らしたりしがちです。でも、実のところは、子どものことなんて親にわかるはずがありません。だって、よくよく考えてみると、自分のことさえ何を考えているのかわからない私たちが、自分と似ているとはいえ、自分ではない別の個体である子どもの心がわかるわけがないのです。親子の関係は、親が子どものことを「わかる」「わかりたい」「わかるはず」と思うあまりにこじれます。親にとって子のことがわからないのは、底知れず不安で苦しいことです。それで、親は子どもにいろいろな干渉をすることで、その不安を解消しようとします。しかし、その親の働きこそが親子がこじれる原因です。だから、親のほうがもう少し、私は子どものことがわからない、だから不安なんだ、私が子どもに抱いている不安というのは、私が子どものことがわからないことから生じる私自身の不安なんだ、そういうふうにクリアに理解できれば、子どもに対する距離感が変わって、自分も子どもも肩の荷を下ろすことができるのではないでしょうか。では、わからない私たちにできることは何かと言えば、ただ子どもに近づき、そばにいることです。そうやって、ただ子どものそばにいるというのは、親にとっては落ち着かない不安なことです。でも、その「そばにいる」ということだけが、親が子にできる全てであり、脆《もろ》くてはかない、でも確かな幸せなんだ。そう気づいたとき、私たちはそのありがたさに涙するかもしれません。

巷《ちまた》には、たくさんの子育ての本がありますが、その多くは、赤ちゃんから年少までの子をもつ親を対象としており、子どもたちが自我を成長させ、親とぶつかり合う十歳以降、特に思春期である中高生の親を対象とした本は少ないと感じていました。また、そういった子育てについて書かれた本の多くが、方法論的、ハウツー的なものに偏っていることに違和感を覚えてきました。しかし、子育てというのは、どうしてもハウツー的に示せるものではありません。一人ひとりの子どもの声に耳を澄ませ、心を寄せるということは、どうしてもそういったものに還元できないのです。子どもはもちろん、私たち自身も毎日刻々と変化しています。だから、何かひとつの基準や形式に頼ろうとすると、どうしても無理が出てきてしまうのです。ハウツーに頼ったほうがなんとなく安心。その心理は理解できます。でも、そういう方法論に頼らないライブ感こそが、本当の子育ての喜びではないでしょうか。

この『親子の手帖』と名づけられた本には、さまざまな親と子が登場します。しかし、これらの親子は実在しない人たちであり、それらは全て虚構《フィクション》です。もしそれなのに、読者の皆さんがその親子たちにリアルな実在を感じてくださる瞬間があるとすれば、それは、これまで私と出会ったたくさんの親子たちのリアルな断片がそこに織り込まれているからです。たくさんの親子たちが、私の目の前で、生き生きとした姿を、真剣に生と格闘する姿を見せてくださったからです。私は、たったひとつの例外もなく、その親子たちに心から敬意を表します。

親、もしくは親相当の大人である読者の皆さんが、これから読む文章の中に、自分の分身や子どもの似姿を発見したときに、自分の心にもやもやと湧き上がってくる感情に対して抗《あらが》いたくなる瞬間があるかもしれません。しかし、そういう自分の感情を否定することなく、逆に無理に正当化することもなく、その感情が自分の中で湧き起こっている、ただそのこと自体をじっと観察することによって、その観察によって芽生えたものを、今日からのお子さんや周りの人たちとの関わりの糧としていただきたいのです。そんな気持ちで、これから文章を書いてまいります。

第1章

私の不安を知ることで、子育ては変わる

1　親の不安は子に伝播する

　もう五、六年前のことでしょうか。教室の近くの公園に、花菖蒲《はなしょうぶ》が咲き誇る初夏のことです。その子は、笑うと赤い頬がかわいらしい中学二年生の男の子でした。その彼がこの数日、教室に入って来るたびに表情を曇らせているのです。大丈夫かなと思っていると、それが何週間も続くのです。さらにそれから二ヵ月ほど経ちましたが、状況はいっこうに変わりません。そのうち、学校の定期テストがあったのですが、それを境にますます表情が暗くなっていくのがわかります。定期テストがいままでより特に悪かったわけではないのです。いつもと同じくらいで、決して悲観するような成績ではありません。それなのに、あまりにそんな状態が続くから、とうとう本人に何かあったのかと尋ねてみたのですが、何もありません、大丈夫です、と彼は短く答えます。こんな状態が随分と続いていました。

　年末になってその子の三者面談があり、彼のお母さんとお話をする機会を得ました。

「私がいくら言ってもこの子が勉強しないから、もう大丈夫かといつも心配で。」

「テスト前は彼なりにやってたみたいで、でも結果が悪くて。きっとこの子、やり方が悪いんですよ。勉強のやり方の基本さえもわかっていないなんて、もうこの子がこの先どうなっていくか、私はもう心配で。」

「わからないなら先生に質問してきなさいって言ったんですよ。でも質問しない。もう、そんなだったら先生に見放されるわよって、いつも私、この子に言ってるんですよ。」

お母さんは、自分で自分の言葉に刺激されたのか、次第に顔を高潮させ、もう言い出したら止まらないという調子で話を畳み掛けます。

「先生、この子が確実に伸びるための確実な方法を教えてください。確実な方法がないなら、私が先生にこの子を預けている意味はないと思うんです。このまま先生のところに預けていて、本当に大丈夫かしらと不安で不安で。」

「あなた、このまま成績伸びなかったら、本当に自分の将来どうするつもり？　って聞くんですよ。そしたらこの子ずっと黙ってて、私、ますます心配になって……。」

お母さんの心の中は、不安に満ちていました。私はそのとき、彼が塾で見せる何とも言えない暗澹《あんたん》たる表情の由来は、ここにあると思いました。彼のお母さんはとても熱心な方で、子どものことをいつも一生懸命に考えていました。物腰が柔らかく、落ち着いた話し方をする、穏やかな雰囲気をまとった方でした。しかし、真面目でいつも一生懸命で、子どものことを何よりも優先にして考えるお母さんの不安は、傍にたたずむ赤い頬の彼の心にそのまま巣くっていました。彼は何をやっても肯定感のようなものを感じることができず、勉強の話となると、うつむくことしかできませんでした。

子どもにせいいっぱいの愛情をそそぐお母さんなので、きっと彼はお母さんのことが大好きです。でも、だからこそ彼はお母さんに対して何も言えず、お母さんが不安と言うのなら、そうなのかな、僕はこのまま勉強しても、このまま塾に行っていてもダメなのかな。日々そう感じながら、でも、他の道がないからうちの教室に来ている。彼のこれまでの表情と、お母さんを前にした彼の様子から、私はそう慮《おもんぱか》りました。

親の不安は子に伝播《でんぱ》します。ここで私が「伝播」という、やや大仰な言葉を使ったのは、親の不安は、子の心の底にいったん沈着してしまうと、それが、親の想像よりずっと長い期間、その心にネガティブな影響を与え続けるからです。子の心に広がる「不安」は彼の行動を縛ります。彼は、自身に対する、勉強に対する、塾など自分の周りの環境に対する、否定的な感情から抜け出すことができません。何も信じることができない彼は、何をやっても中途半端で空回りしてしまうのです。

その後、いつも真剣なお母さんのお話をたびたび拝聴しながら、私のほうからは、彼が存外にがんばっていること、きっとうまくいくということを伝えながら、時が過ぎていきました。

彼は中三になり、あるテストで突然に高得点をとり、それを境に笑顔が増えました。そして、時を同じくして周りに仲の良い友人も増え、お母さんからも、最近がんばっているね、と言ってもらえるようになりました。そして、夏以降はさらに高邁《こうまい》な努力を続け、志望校に無事合格するに至りました。

親はたびたび言います。

「私の言うことは聞かないから、先生、どうかこの子に厳しく言ってやってください。」

確かに子どもは親の言うことを聞かない。他人の言うことはよく聞く。これは一つの真実です。

しかし、それを超えた一つの真実は、子は親の言うことは聞かないが、親の言わないこと（＝親の心の中にある本音）は誰よりも聞いている、ということです。子は知っているのです。親が言うタテマエよりも、親が言わないホンネに真《まこと》があるということを。だから、親が本気で心配していたり、誰かに対して不信を示していたりすると、子はその心配に同調するし、その誰かを信じなくなります。

親というのは、思いのほか子に対して力を持っています。そして、日々の子どもとの生活の中で、その力を半ば無意識に行使しています。親が自らの不安のために、子を思うままに動かしてしまう、そして子はそれに対して一方的に翻弄《ほんろう》され続ける、そういうことが、親子の間には多々あるのです。このことを、親はいま一度、自覚する必要があります。

親は、子どもに不安を伝える前に、ぐっと一歩踏みとどまることが必要です。子に対する不安が募るとき、それは子どもが不甲斐《ふがい》ないから不安なのだというよりも、単に親の私が私自身に対して不安なのだということに気づかなければなりません。目の前の子どもそのものではなく、現在の自分自身に自信がないから、それを子に投影させているという事実を知らねばなりません。私は私、子は子、それぞれが独立した人格です。自己の不安を投影していく目の前の子どもは、いかに血を分けた存在であっても決して私のものではなく、子どもは最終的に、子ども自身の手で自らの人生を切り拓いていかなければなりません。そうやって親が子を手放すことで初めて、子は自分のことは自分で考えなければならないということを学びます。親の目に映る自分を輝かせるためではなく、文字通り自分自身のために人生を切り拓く術を身につけていきます。そしてそれによってのみ、子は「自立」を果たし大人になっていくのではないでしょうか。

親と子の関係はとても厄介で、なかなか一筋縄ではいきません。しかし、親と子という前に忘れてはいけないのは、親も子もひとつの人格であるという厳然たる事実です。親は努めて子の前で親であろうとします。しかし、このことが過ちのもとです。親が親になった瞬間にこそ、過ちは始まるのです。ひとりの人間であることよりも、親としての自分の立場を優先させようとするから、どうしても無理が生じてうまくいかなくなります。そして、そこに人間が親であることの困難と悲哀があります。

この本は、親としての躓《つまず》きを感じたことがある方に読んでいただきたい文章をまとめたものです。同時に、親に苦しめられたことのある、かつて子どもだった大人たちに読んでもらいたいと思って書いた文章もあります。これから、いくつかの具体的なお話を通して、親と子の間に横たわっているさまざまな問題を見ていきましょう。

2 親の言うことを聞かない子ども

「うちの子は、本当に私の言うことを聞かないんです。」

これは親が最も口にしがちな、子に対する不満のひとつです。確かに、事実として子は親の言うことを聞かないものです。しかし、世の中には往々にしてあることなのですが、そもそも、「親の言うことを聞かない」という認識の出発点に誤謬《ごびゅう》が潜んでいる、そう考えることはできないでしょうか。

「うちの子は私の言うことを聞かない」という言葉を発するとき、親は、実はそれが自分たち固有の問題であることに気づいています。つまり、それは私たち親と子の関係性の問題であり、事実上、親の私にも責任があることに気づいています。それにもかかわらず、親は「うちの子は、本当に私の言うことを聞かないんです」と、まるでその責任は全て子どもにあるような言い方をします。でも実はこの時点で、すでに問題がはっきりと顔を出していることに気づく必要があります。

子どもが親の言うことを聞かないのは、子どもがそれを「押しつけられている」と感じているからです。しかし親のほうは、子どもにとってこれは必要なことだからと思い、良かれと思って子どもにさまざまな言葉を投げかけます。

例えば、子どもがゲームに浸っている最中に、「あなたそんな遊んでばかりいないで、勉強しなさいよ」といきなり叱りつけます。親は、子どものためにはゲームより勉強が必要だと思うからこそ、その言葉を投げかけます。しかし、子どものほうはその言葉に対して苛立《いらだ》ち反発します。親は、そうやって反発する子どもを見て、せっかくあなたのことを思って言っているのにと、さらなる怒りを子どもにぶつけます。しかしながら、この場面で理があるのは、実は子どものほうです。子どもはいまゲームに夢中になっているのですよね。何かに夢中になっているときにそれを邪魔されると苛立つ、そんなことはあたりまえです。もちろん親のほうは、子どものことを考えているつもりでしょう。しかし、この場面で親は、子どもの「いま」を無視し、それを乱暴に剝奪《はくだつ》しようとしています。でも、子どもの「いま」にとって大切なのは、目の前のゲームを進めてクリアすることです。その事実には是非もありません。是非もないことを転覆させようとするのは無謀なことです。こうした子どもを苛立たせる親に共通しているのは、子どもの「いま」を蔑《ないがし》ろにして、子どもはこうあるべきという理想を一方的に押しつけていることです。ゲームに夢中な子どもに何かを語りかけたいならば、例えば、子どもの背後からいきなり叱りつけるのではなく、子どもの視線上（この場合、テレビやパソコンの画面側）まで回り込んで自分の身体をそこに置き、子どもの目を見て話しかける。それでも子どもが取り合わないなら、子どもがゲームを終えるのを待って、その後に顔を突き合わせて、ゲームとの付き合い方について一から話し合いをするしかありません。

子どもの「いま」を見ずに、やみくもに親がその場の感情で言葉をぶつける。これを繰り返すことで、間違いなく「親の言うことを聞かない子ども」が育ちます。言うことを聞かない子どもを育てるのに、これほど理にかなった方法はないでしょう。ですからこの場合には、子どもが親の言うことを聞かないというよりは、親のほうが積極的に言うことを聞かない子どもを育ててしまったというのが実情なのです。

親は、子どもの「いま」が持つ自由と尊厳をたやすく踏みにじります。そして、それが繰り返されると、子どもは耐えられなくなり、「親の言うこと」に対して心を閉ざしてしまいます。これは、子どもにとっては一種の自己防衛であり、そうなるのは当然の帰結と言うべきで、本来、子どもが責められるべきことではありません。

親が知るべきことは、「あなたにとって最良のこと」と思った行為も、それが子どもの「いま」を無視したものであれば、よい結果を招かないだけでなく、それが繰り返されることで、子どもと親とを繋ぐ大切な回路が損なわれてしまうということです。

親が子どもと繋がるために必要なことは、子どもの「いま」と向き合うことです。もう少しわかりやすく言えば、子どものいまの動きを見ることです。巷のあらゆる方法論《ハウツー》の中に欠けているのは、この「動き」を見るという観点です。例えばサッカーやバスケットボールの試合、能や文楽の舞台などで行われているコミュニケーションは、まさに「動き」そのものを司令塔として共感的な空間をつくるということであり、子育てにおいても、互いがわかり合いたいのならば自ずとこの観点が必要とされるのです。

3　子どもの叱り方

子どものことをいつもガミガミと怒ってばっかり。そうやって悩んで落ち込んでいる親が多いようで、巷では、親が子どもに言葉を伝えるためのコツが書かれた本が、驚くほどたくさん出版されています。そういったものを読むと、言い方ひとつでこんなに伝わり方が変わるんだ、とか、頭ごなしに言うのではなくて、子どもの判断をいったん認めた上で自分の考えを伝えるのね、とか、いろいろなことに気づかされておもしろいですよね。ただ、気を付けたいのは、すでに述べたように、ハウツー的思考とやり方ではなかなかうまくいかないということ。そうやって楽をしようとすると、子どもはすぐに見透かしてしまうのです。親が、子どもを自分が思うように動かしたいと思っているとき、子どもは親の「動かしたい」という意志そのものに反発しているわけで、だからこそ、言い方を表面的に変えたくらいではうまくいかないんです。結局、自分の足場を顧みることなしに、相手に何かを一方的に伝えようとするのは、それが親子関係でも、友人関係でも、うまくいかないどころか、確執や対立の原因にさえなってしまいます。

だから、子どものことをいつも怒ってばかりと感じたときは、私のどこに子どもは反発しているのかしら、と自問し直すことがどうしても必要です。相手に心を寄せるというのはしんどいことですが、いつもそれなしで済ませようとするから、子どもはそのことに敏感に気づいて、いつまでも反発するのです。

子どもをうまく叱る方法がわからないと悩む親は多いですが、そんなに難しく考えないでください。親が抱えている、嬉しいなあ、おもしろいなあ、悔しいなあ、悲しいなあというような気持ちは、基本的には子どもの前で素直に出してしまえばいいんです。だから、無理に親の顔になって叱るよりも、ただ自分の感情を自然に表出することが一番子どもに伝わるし、効果的です。子どもは不思議なもので、親としての親のことはよく見ないのに、人間としての親のほうはよく見ているんです。

以前、万引きをした中一の男の子がいて、親子で私のところに相談に来ました。お母さんは、なぜ万引きがいけないのかということを、彼に理を尽くして説明していました。お母さんは、どれだけそれが人の信頼を失うことか、その商品を作った人や、お店を大切に守っている人の努力をどれだけ甲斐のないものにするかということについて、あらゆる言葉を尽くして伝えようとしていました。でも、どんなに説明しても、それが理屈っぽく聞こえるのでしょうか、子どもは貧乏ゆすりをするばかりで、お母さんの必死のメッセージが耳に届いているようには見えませんでした。でも、ある瞬間、必死に説明しているお母さんの目から不意に涙が溢れ、それが頬を伝ったんです。すると、そのとたんに、男の子は表情を変えました。はっと何かに気づいたように目を開き、貧乏ゆすりを止め、初めて真剣な顔になりました。彼はその瞬間にようやく理解したのです。お母さんが今どれだけ真剣に話していて、そして、いかに自分がお母さんを傷つけたかということを。どれだけ自分がひどい行いをしてしまったかということを。彼は自分のどこが悪いのか、何を償えばよいのか、いくら言葉で話し、聞かされても、その本体がわかりませんでした。でも、お母さんの涙によって、彼は一瞬にして全てを悟ったのです。

子育てには、こうやって理屈を飛び超えて伝わる瞬間というのがあります。それは親子にとって他に代えがたい体験のひとつです。そして、それは子どもへの伝え方としても、最も確実で間違いのないやり方です。でも、残念ながら、そんな場面は、なかなかお膳立てできるようなものではありません。そして、こんなことを毎日繰り返していたら、親も子も消耗してしまって身が持たないでしょう。だから、親子の間には否応《いやおう》なく、そういった激情を抜きにして、冷静に「叱る」場面が必要になることがあります。

例えば、子どもが汚い言葉を使ったとき、ガムを道端に吐き捨てたとき、自分の部屋をいっこうに片づけられないとき、そんなときに親が泣いてもしかたがないでしょう。そんなときは、大人は平然と子どもの行為を正さなければならないし、正しい行動を身につけさせなければならないと考えるはずです。こういう場面における親の「叱る」行為は、子どもの倫理観の形成の上できわめて重要で、子どものその後の人生における価値判断にも大きな影響を与えます。

かつて私は、沖縄県読谷村《よみたんそん》に住む教育者の仲松庸次《ようじ》さん（著書に『ひとりで学べる』シリーズなど）のお力を借りて、「叱り方のポイント10」をまとめたことがあります。それを以下に載せてみます。

(1)できるだけ問題の行動が起こった直後に叱る。

行動の直後のほうが、説得力があり、効果も大きい。これは叱る上でのポイントです。すぐでなければ、子どもはなぜ叱られているのか？　ということを体感することができません。その場ですぐに叱られるからこそ、はっと我に返って反省をすることができるのです。

(2) 問題行動が起こるたびに叱る。

同じ行動をとっても、ある時は叱られるけど、ある時は叱られない。それでは、親は自分の気分とか都合とかで叱っているにすぎない、子どもにそういうメッセージを与えかねません。できるだけ一貫したメッセージを伝えることが大切です。ただし、あまりに同じことを繰り返す場合は、その子にとっては克服するのが難しいことなのでしょうから、別のアプローチが必要になるでしょう。親が環境を整えることで、子どもの問題行動が収束することもあるはずでしょうから。

(3) 行動を叱るのであって、人格を叱ってはいけない。

例えばお母さんたちはよく「あなたはだらしがない」と言います。確かにお母さんから見てその子はだらしがなくてしかたない子なのかもしれませんが、この言い方ではなかなか直りません。だって「だらしがない」というのは子どもの性質自体を指摘しているわけで、そのまま人格否定につながる言葉なんです。そんなことを言われても、子どもは「やっぱオレはだらしない人間だからダメだなあ、あーあ、この性格じゃやっぱりムリだ」と思うだけです。こういう子どもに対しては、だらしがないことから派生した行動のほうをその都度叱ることで、徐々に意識改革していくしかありません。人格を叱ってしまうと、その子は身動きができなくなり、しまいにはヤケになってしまうのです。子どもに対して、あなたの人格を信用しているということを伝えることはとても大切です。

(4) 他人と比較して叱らない。

「Aくんはこんなことやらないよ」そうやって叱ることは避けたいところです。特に兄弟、姉妹間の比較は禁物です。あなたのほうが劣っていると言っているのと同じことですから、言われた側は反発しやすいですし、また深く傷つくこともあります。子どもの行為を叱るのは、直観としておかしいから、または道義的におかしいからのいずれかであるべきで、それが他人との比較によって相対的に流動するものであってはならないのです。

(5) 自分の責任で叱る。

自分の言葉で言わないと、全く説得力を持ちません。「お父さんに叱られるよ」ではいけないということです。それは、あなたを叱っているという行為に対して、私は責任を持たない、と宣言しているようなものです。自分の言葉に責任を持たない人の言葉に、子どもが聞く耳を持つでしょうか。子どもはちゃんとそこのところを聞き分けます。加えて言えば、お父さんに叱られる、だから、やってはいけない、という思考回路を子どもに持たせてはいけません。あくまで、その行為自体がやってはいけないことだから叱られているのであり、お父さんに叱られるからやってはいけない、では行為自体を叱ったことにならないからです。

(6) 叱る理由を説明し、理解させる。

叱るときには、叱られる子どもが納得するような説明、時には話し合いをすることが大切です。子どもは、親が思っている以上に、なぜ叱られているのかがわかっていないことが多いものです。上からの押しつけではなく、本人が自分の頭で考えて「ああそうか」と気づくことができれば、叱ったことは成功です。また、理由の説明を意識することは、親自身が子どもに理不尽な要求をしていないかどうかを、自分自身に対して点検するという意味でも有効です。(ただし、必ずしも叱る全ての場合に理由を説明しなければならないということではありません。理屈には限界があるんです。その限界を弁《わきま》えずに、無理な理屈をつけることを屁理屈《へりくつ》といいます。)

(7) 叱るときは短めに。長々と説教しない。

延々と繰り返し同じことを説教する親がいます。でもそれは単なる自分の鬱憤《うっぷん》の吐露であって、子どもにはただの面倒くさい長話としてしか響きません。叱るときにその内容を伝えたいのなら、緊張感が肝要です。長い説教は、途中で空気が弛緩《しかん》してしまい、子どもに「長くて退屈な時間だった」という印象を残すだけの結果になってしまいます。

(8) 叱りながら過去のことを持ち出さない。

苛立ちのあまり、「あなたはあのときもこうだったでしょう」と過去のことを持ち出す親はとても多いです。しかし、そうやって過去を持ち出されて叱られた子どもは、過去から立ち上がって進もうとする気概さえも否定されたような気持ちになります。そして、過去もいまもやっぱり変わらずダメなままなんだという気分になり、その結果、そもそも自分の性質が悪いんだ、今後も直しようがないと諦めたり、開き直ったりすることになってしまいます。そうやっていつも過去を持ち出すのは、子どもにダメな人の烙印《らくいん》を押しているようなもので、子どもの心に何のよい働きも与えません。過去は変えようがありませんし、子どもは変わらないように見えても、必ず少しずつ変化しているのですから、これから先に目を向けた話が必要です。

(9) 叱ったあとで、そのことについて謝らない。

叱ったあと我に返ると、その叱り方が自分の感情にまかせた身勝手なものであったことに気づくことがあるかもしれません。でも、親というのは所詮《しょせん》大きくなった子どもなのですから、たまにはそんなことがあっても仕方がないです。親なのにとか、大人なのにとか、そんなふうに自分を責めないでください。親だから失敗してはいけないと思うのは、単なる思い込みです。だから、そうやって気づいたときには、もう一度落ち着いて、何を伝えたかったのかを子どもにもっと明確な言葉で話した上で、感情的すぎたことについては謝ってください。でも、叱った内容そのものを否定して謝るようではダメです。そういうことを繰り返すと、子どもは叱られてもそれを取るに足らないことと考え、聞く耳をもたなくなるでしょう。

(10) いったん叱ったら、その後はそれについてふれない。

いつまでもグズグズ言うのはよくありません。せっかく反省しているのに、また思い出したように言い続けられると、その反省している気持ち自体を損ねてしまいます。叱ったあとには、気分を切り替えさせ、堂々と前を向かせることが大切です。

以上、叱り方のポイントを10に分けて書きました。親の心をきちんと伝えた上で、子どもの心を前に向けるためのポイントを並べました。少し意識するだけで子どもたちの反応が変わってきますから、ぜひ参考にしてみてください。

ただし、この叱り方であればいつでもうまくいくというものではありません。むしろ、この叱り方を頑《かたく》なに守ろうとしすぎると、うまくいかなくなるものです。だから、まずは子どもに近づいて心を寄せることを忘れないでください。方法論としていかに正しくても、目の前の子どもにとって正しいかどうかは別の問題です。

例えば、前の(2)で、問題が起こるたびに叱ることで、一貫性を持たせることが大切と書きましたが、一方では、一貫性にこだわりすぎると子どもの「いま」にアクセスできないという事態が生じます。子どもは刻一刻と変化しています。そしてなかなか意識できないのですが、叱る親のほうだって変化しています。だから、一貫性を求めすぎると、どうしても自分のほうに無理が出てしまうし、その時々の子どもにもフィットしません。そして、図らずもその無理が、あるぎこちなさとして子どもに伝わります。

このような親の一貫性を求めすぎる生真面目さは、ときに子どもを窒息させてしまうことがあります。親が生真面目すぎるあまりに、子が暴発してしまう場面は、親と子の間で最もよくありがちな悲劇的瞬間です。だから、一貫性は大切とは言ってもほどほどに、自然にできる範囲でいいんです。それよりもずっと大切なのは、矛盾を恐れずに、そのまま自然に委ねることです。無理に何でも判断しようとしすぎないことです。でも、自然と言われてもよくわからない、それが一番難しい、そんな声も聞こえてきそうです。これについてはまた後程お話ししたいと思います。

4　何のために勉強するの？

「何のために勉強するの？」ある日突然、子どもからそう尋ねられた大人は、ほとんどの場合、とっさに言葉を発することができず返答に窮するでしょう。そして、ひと呼吸置いた後に、なんとか子どもの疑問に大人らしい回答をしようと、「あなたの将来のために必要だから」などと、それらしいことを言ってはみるものの、尋ねた子どもも返答した大人もなんだかモヤモヤとしたものが残ったままになりがちです。

しかし、こうやって無理くりな回答をしぼり出す前に、いま一度、私たちが思わず言葉に窮したその瞬間に立ち戻ってみたいと思います。

「何のために勉強するの？」そう尋ねられてヒヤッとするあの気持ちは、いったいどこから来るのでしょうか。

それはもしかしたら、自分のプライドが傷つけられてしまう、という大人の直感から来ているのかもしれません。私たち大人は、いままでそれなりに勉強してきたのにもかかわらず、実は何のために勉強してきたのかがいまいちわかっていないのではないでしょうか。その辺りが判然としないままに日々を生きているから、いきなり尋ねられると変な汗が出るんです。でも、「実はわかっていない」なんて、子どもの前で易々と認めるわけにはいきません。だって私たち大人は子どもよりずっと経験値を積んできたはずなんです。その経験の頼りなさを認めることは、私という存在が覚束《おぼつか》ない曖昧《あいまい》さに彩られていることを知ることと同義であり、それは案外しんどいことです。

それでも、私たち大人は、初めに勇気を持って認めたほうがいいと思うのです。自分が何のために勉強してきて、それがいまの生活にどのような影響を及ぼしているかいまいちわかっていないこと。そして、もし幸いにして部分的にわかっている場合でさえ、その個別の実感が、果たしていま目の前にいる子どもに適用できるのかについては全く自信が持てないことを。そうでなくては、いつまでも現実から浮遊した、表面的な回答を繰り返すだけの大人になります。それではいつまでも大人としてアマチュアのままです。そんな大人が発する言葉には、きっと子どもは耳を傾けてはくれないでしょう。

しかしながら、「わからない」ことは必ずしも大人に非があることを意味しません。なぜなら、少し冷静に考えてみると、わからないのは当たり前だからです。私たちの行動の一つひとつ、例えば、友人にメールを送る、会社で仕事をする、同僚と会話する、ウェブニュースを読む、料理する、車の運転をする、人のさりげない一言に笑う、テレビドラマを見てふと泣きそうになる……。それら全てに間違いなくこれまでの人生のさまざまな学習効果が反映されているはずなのですが、それをワン・ツー・ワン方式で、あのときのあれがいまこの行動の役に立ったなどと言えるほど、人間の認知は単純じゃないんです。それは、説明しつくすにはあまりにも複雑すぎて太刀打ちできないというだけで、私たちのいまはいつでも過去の学習が反映されたものとして立ち現れます。

だから、子どものころ学んだ勉強についても「なぜ勉強するの？」という質問に一言で答えられるほど、その答えは簡単明瞭ではありません。漢字を覚えていたから文章を書くときに困らなくてよかった。英語を勉強したから外国に行って役に立った。こういう話はとても表層的で、勉強をする意味をたった一パーセントも表現していません。

ひとつだけ勉強することの価値を述べておくと、それは、抽象を扱えるようになるということです。私たちは勉強を通して抽象の扉を開き、具体と抽象の間を往還することで、世の中を見る解析度を高める努力をしてきました。虚数を通してしか見えない世界の広がり、量子力学を通してしか実感にたどり着けない世界の深さというのは確かに存在します。抽象を通して具体を見ることで、ありふれた世界が全く別様になる。それがまさに勉強の醍醐味です。

しかし、このことは、解析度が高いほど素晴らしい世界が広がるというような単純な話ではありません。例えば、大人と子どもの環境に対する反応を見比べてみるだけでわかりますが、子どもより大人のほうが世界を見る解析度が高いから、大人はそのぶんだけ世界の豊かさを堪能しているとはとうてい言えません。むしろ、子どもの目を失ってしまった大人たちは、それを取り戻すために抽象という代理物に飛び込んでいるのではないかと思えるほどです。

解析度を高めたところで、世界を豊かに感受することに繋がるとは限らないとなると、再び私たちはいったい何のために勉強をしているのか？　という問いに戻ることになります。それを解くための鍵は、実はこの問いそのものに潜んでいます。

子どもに「何のために勉強するの？」と尋ねられたとき、私自身は、「なぜ、そんな疑問を持ったの？」と逆に子どもに尋ねることが多いです。そうすると、子どもたちは例えば

「勉強がめんどうくさい」とか、「将来何の役に立つのかわからない」とか、「勉強をやる意味がわからないのにがんばれない」とか、そういうことを話し出します。このときに気づかされるのは、子どもたちはいつの間にか、勉強は自分の意志でやらなければならないもの、という意識をデフォルトで大人に植えつけられてしまっているということです。だからこそ、勉強に対するやる気がない自分の意志を、それがさも問題であるかのように取り扱ってしまう。この点に謎を解く鍵があると私は思いました。子どもが「何のために勉強するの？」と尋ねた時点で、彼らはすでに勉強というものに出会い損ねている気がしたんです。

私たちは日常生活のさまざまな場面で、環境から呼び覚まされる経験をしています。例えば、ティッシュを一枚取ったら、またもう一枚出てくる。これだけのことでも神秘が潜んでいて、遠い昔に私たちはそのことを不思議だなと思ったかもしれません。ここには勉強の種が間違いなくあったのですが、私たちはそれを育てる前に、形骸化した「興味・関心」を大人から植えつけられてしまったのかもしれません。勉強という手段が目的に変わった時点で死んでいるのに、そのことがわからない大人から、良かれと思って押しつけられてしまったのかもしれません。誰もその種を大切に育ててくれなかった。だから、ついに実を結ぶことはなかった。だから私たちは、「何のために勉強するの？」という問いの前で身体を固くしてしまうのかもしれません。

しかし、幸いにも勉強はどんな年齢になってもやり直すことができます。「若い人みたいに脳みそが柔らかくないから」なんて言うのは、勉強の一側面を見て言っているだけで、実は年齢を重ねるほど勉強というのは面白くなります。

年齢を重ねるとより深く孤独の意味がわかります。孤独が自分自身と対話するための条件であることがわかります。ここから思考が始まり、ようやく真の勉強と出会います。自分自身との対話の中で世界に耳を澄ますことを学んだ私たちは、ようやく勉強する意志を介在することなく、勉強に呼び覚まされて、それに導かれるように勉強を始めることになるのです。

だから、私はいくつになっても、自らに勉強の種を蒔《ま》くことを忘れないでいようと思います。

5　管理される子どもたち

いまの子どもたちは、昔の子どもたちにくらべて悪さをした経験が少ない、これは確かなことでしょう。

いまの子どもたちは、何か悪事を企てようとしても、先んじて大人によってあらゆる予防線を張られているために大それた悪さをしようがありません。危ない場所に入り込もうと思っても鉄条網で囲われていて侵入しようがない、友だちの家を覗《のぞ》いてやろうと思ってもオートロックのせいで近寄ることさえできない、お酒を密かに買って飲もうと思っても売ってもらえない、18禁・15禁のせいで、見たいものもろくに見れない、例を挙げたらきりがありません。でも、本来、物事の善悪というのは自分の心身を使って知っていくべきものでしょう。昔の子どもたちは、実際に悪い事をしてみて、ああこれが悪いということかと、身にしみて知る経験を持っていました。そのことを通して、善悪の本体のようなものを見つけていました。それに比べると、いまの子どもたちは、先に大人からあらゆることを規制され、それに対して常に忠実であることが求められています。こんなことを言っていると、いや、昔のほうが大人の押しつけはひどかった、暴力で押さえつけることもあったんだから、そういう声が聞こえてきそうですが、いまは表面上は押しつけていないように見えるけれど、実際のところは有無を言わさないシステム自体が子どもたちを予め《あらかじ》制御《コントロール》していて、それに従っていたら、善悪の判断をすることなしに、自ずと善行という正解を出してしまうという意味で、現在の環境は尋常でないと言わざるをえません。鉄道のホームドアやタバコ自販機の年齢認証などの例を挙げるまでもなく、技術が子どもたちの安全と倫理を肩代わりしている社会で、彼らがどのようにして身を守る能力を身につけていくのか、倫理感の欠如による社会の荒廃を防ぐにはどのような仕組みが必要なのか等、これらの課題については今後ますます真剣な議論が求められるでしょう。

先日は、子どもの悪事を管理するという意味で、興味深い話を聞きました。

私の教室の中で、最近、部活動の休みがなくてきついと話すA中学校の生徒があまりに多いので、PTA役員をしているあるお父さんに、A中学はなぜ勉強も疎か《おろそ》になるほど休みなく部活動ばかりを子どもたちにやらせるのですか、と尋ねてみたのです。すると、お父さんは、部活をやらせておけば、子どもたちが悪い事をする時間と体力を奪うことができるでしょう、だから部活ばかりやらせているんです、そう平然と答えたのです。このような、子どもの悪事の芽を初めから摘み取るような仕組みづくりが、部活動を利用することで地域・行政単位で（しかも親も積極的にそれに荷担して）行われているということに、私は驚かざるをえませんでした。こうやって、大人が発明したあらゆるシステムによって、いまの子どもたちの自由は極端に制限されています。

他方で、思春期の子どもを持つ親たちは、うちの子は流されやすいから、と言いながら、素行が悪いと言われる子、ヤンチャと言われる子と、自分の子どもが付き合わないように管理しようとする傾向があります。いじめの問題などもあり、それは時に必要なこともあるから一概には言えないのですが、でも、実際のところ、それは杞憂であることが圧倒的に多いです。子どもが流されやすいのは、むしろそうやって親が子どもを管理してきたからであって、流された結果ギャンブルと言わされた経験をすれば、自然と簡単には流されない子どもが育つはずです。悪事をはたらく子どもたちは、大人たちが語る常識や規範、善悪といったものをそのまま受け入れるのではなく、それを疑い、ときには転覆しようとします。その意味では、悪事をはたらく子どもたちは翻《ひるがえ》って善の探究者であり、大人の言うことをそのまま受け入れてポイント稼ぎに明け暮れる子どもたちよりもずっと健全です。実際、そうやって小さな悪事を働いた子どもたちの多くは、その後、何の問題もなく大人になってしっかりやっています。だから、子どもの好きなように泳がせるというのは、常識や善悪の根っこにあるものを考えさせるという意味でもある程度必要なことです。

悪事から執拗《しつよう》に子どもの目を背けさせようとする親は、自分自身の悪を見る目が曇ってはいないかと疑うべきです。悪から目を背けることは、それ自体がペテンであり害悪である。そのことを大人は認識すべきです。そんな大人のせいで、子どもの世の中を見る目まで曇らせてしまってはどうしようもありません。むしろ、クソみたいな、吐き気をもよおすような残酷な世界の中にも、優しさや喜びはあるのだという矛盾そのものを子どもに見せるのが、大人の努めではないでしょうか。

大人が思い出す必要があるのは、大人が子どもに禁じている多くのことは、大人の都合から生じたものであるという事実です。学校の風紀が乱れることを恐れるのも、町の環境の質の低下を恐れるのも大人の都合。飲酒制限や映画の年齢制限さえも、科学的根拠を持つとはいえ、それは後付けされた理由であり、もとは風紀の乱れを抑制したい大人の都合に由来しています。

先日は、読売新聞に「公園も大声禁止、遊び場を追われる子どもたち」という記事が載っていました。「子どもの声がうるさい」という大人の苦情によって、ブランコやジャングルジムが撤去されるなど、どんどん子どもの遊び場がなくなっていく。そういう社会のいびつさを指摘した文章でした。

「子どもの声がうるさい」といえば、私も普段子どもたちの授業をたくさん受け持っていますから、子どもたちに「うるさい！」と注意することはよくあります。休憩時間はともかく、授業中くらいは静かにしないと授業が成り立たなくなるし、そのことで困るどころか、悩んだり不安になったりする子さえいる。だから、私がこうやって説明している間の私語は許されないよ、そのことは子どもたちといつも共有しています。しかし、うるさい子どもの存在自体に私がどうしても否定的になれないのは、子どもたちが常日頃、いかに抑圧された環境にいるかということを考えざるをえないからです。

子どもが静かにしていること、これは本来は決して自然なことではありません。そのことを大人は忘れがちです。ＴＰＯを考えて静かにできるのが大人になること、人の迷惑を考えることが自立することに繋がる、そう子どもに教える前に、大人はその思考自体が任意に作られたものであるということを忘れてはならない気がするのです。

私の教室では、二〇〇三年から毎年、夏休みに南九州の霧島の山麓で中三の勉強合宿を行っています。（二〇二〇年の一回だけ、コロナ禍の影響で中止になりましたが。）

合宿に行く前のオリエンテーションの際、私は毎年子どもたちに「夜、外で叫んでも大丈夫だよ」と控えめに声をかけます。合宿所の周囲は、隣に一棟の小さな公共施設があるだけで、一軒の民家もない環境です。先日ある子が、自宅の近所の地行浜《じぎょうはま》（福岡市の都心部にある海岸）で、線香花火をしていただけで警官に叱られたと嘆いていましたが、合宿に参加した子どもたちは、一日九時間の精いっぱいの学習を終えて、破裂音が響く花火に興じ、大声で笑い合っていて、本当に楽しそうでした。

日ごろはおとなしいある男の子が、花火の途中に「先生、叫んでいいですか？」と許可を求めに来たので「いいよ」と言うと、ある有名なユーチューバーのよくわからない言葉を叫びました。すると遠くにいた男子がそれに呼応してさらにわけのわからない言葉で返していて、あ、これは犬の遠吠えと同じだと、にわかに感動しました。

昨今の保育園問題もそうですが、子どもに対して過度に静粛と成熟を求めるのは、大人の悪だと私は思います。このことについて、大人どうしの共感を広げていかなくてはと思います。

とは言っても、大人の都合で決めたルールや規制に一切意味がないとか、そんなことに子どもを絶対に付き合わせてはいけないとか、そんな極端な話ではありません。むしろ、大人が子どもに「それは悪い」と伝えたいときには、そこにためらいがあってはならないでしょう。ダメなことはダメだとはっきり伝えることが、子どもに対する大人の責任です。しかし、これらの規制は、大人の事情で子どもに押しつけている側面があること、でも、そのことを踏まえても必要な場合があるということを、自分なりに納得した上で語ることで、子どもに伝える言葉に厚みが出るのです。そして、大人の発する言葉の中に厚みを感じ取ったとき、日ごろ反発ばかりしている子どもたちは、おやっと思います。この人の言うことは簡単に否定できないのではないのと勘づいて、それについて考えはじめます。

一方で、万引きなどの度が過ぎる悪事を子どもが働いたとき、親は多少なりともパニックになります。私の育て方が悪かったのかしらと悩みます。でも、親の育て方によって子どもの育ち方が全て決まるわけではなく、育て方が同じでも、それ以外の複合的な要素によって、全く別様の子どもが育つことだってあります。だから、子どもの一度の万引きを、親が自分の育て方全般の問題と捉《とら》えて自分自身を責めるのは、必ずしも適切な反応ではありません。そんなときは、子どもの問題を自分に引き寄せすぎることなく、できるだけ公正に、起こった出来事について観察することが大切です。そして、あなたが万引きをしたことで私はこれほどに傷ついている、というありのままの姿を子どもにさらした上で、その悪事を通して子どもが発したシグナルの正体は何なのか、耳を澄ませてキャッチすることが求められています。悪事を働いた子どもにとっても、それは物事の本体と向き合うチャンスなのですから、その対処が親のペースになってしまわないように留意することで、親子それぞれが自分に不足していたものを見出す貴重な機会になることでしょう。

6 全部、僕のせいなの？

親の焦りのスピードに子どもの変化のスピードが追いつかない、こういうことは多々あります。特に、受験が迫ると親は、うちの子大丈夫かしらと不安になり、焦燥感に苛《さいな》まれます。いつまでも変化が見えない子どもの姿を見て、親が不安な気持ちになるのはあたりまえの感情です。でも、大人が思うようには、子どもは急には変われないんです。そんなに都合よくはいきませんよ。だって、勉強というのは生活であり、生活というのは習慣なんです。人は誰でも自らが心地よいと思える着地点に居すわっているものだし、そのこと自体は、可も不可もないことです。ある日、突然改心していきなり人が変わったようにがんばりはじめるなんてことは、余程のことがないと起こりえません。だから、子どもは少しずつしか変われません。それなのに親は、いつまでも重い腰を上げない子どもの姿を見て、サボっている、弛《たる》んでいると思ってしまう。でもこれは違うんです。子どもは子どもなりのペースで変わろうとしています。実際のところ、子どもはちゃんと日々変化しているんです。でもすでに焦りモードに入った親から見ると、子どもはどうしようもなくたよりなく、物足りなく見えます。

だから、子どもに何とか変わってほしくて、激しく叱責したり、または、ゲーム機やスマホを取り上げたりして、その子にとって大切なものを奪おうとします。でも、そんなことをしてうまくいくわけがありません。そもそもうまくいかなかったのは、親が子のお膳立てを整えるのが遅かったからです。そして、たったいまうまくいっていないのは、子どもに無理なことを強いているからです。こうなったらもう親のほうは、いくら不満でもどっしり構えて子どもの変化を待つしかありませんし、結果としてそれが最良の方法なんです。それなのに、待てないから子どもにしつこく干渉する。結果、子どもはできないことをやれと言われ続けるから、悶々《もんもん》とした気持ちばかりをため込んでしまいます。こうやって親と子の間に、負の感情のスパイラルが生じます。親はそのスパイラルをどうにか打破しようと思って、劇的な効果を求めがちです。

親がゲーム機やスマホを取り上げたり、塾や部活動などの習いごとを辞めさせたりするのは、子どもの精神に打撃を与え、いま一度真剣に考え直させようとするためです。しかし、そうやって、その子にとって大切なものを一方的に奪うことは、結果的に子どもの心を捻《ね》じ曲げます。なぜなら、このとき子どもはモノを奪われたという物理的なショック以上の、さらに大きなダメージを親から被《こうむ》っているからです。こんなときに、子どもの心の底にある叫びは、いつもこれです。

「全部、僕のせいなの？」

子どもが勉強しないのは、本当に全て子どもの責任でしょうか。勉強というのは習慣です。勉強をする子どもの性質も、勉強をしない子どもの性質も、親子の関係の中で、家族の環境の中で培《つちか》われたのです。勉強は本人がすることだから、勉強をしないのも全て本人に責任がある。この考え方は、一切の責任を子どもに擦《なす》りつけ、同時に、家族が共生する意味をないがしろにするものです。思春期のころまでの親と子どもの関係性においては、親が主体となって子どもとの関係をつくっているのですから、家で子どもが勉強しない責任が、子どもひとりだけにあると考えるのは、どだい無理な話なのです。

このように、勉強しないからといって子どもの大切なものを奪うことは、実質的にその責任の全てを子どもひとりに負わせる意味を持つことになります。どこか心の隅で自分の非に気づいている親ほど、子どもに対する懲罰が苛烈になると感じるのは、私の思い過ごしでしょうか。家庭内で不甲斐ない子どもが責められているとき、子どもの抵抗の背景に「全部、僕のせいなの？」という叫びがあることを見逃すことはできません。これは、子どもが自覚的である場合と、無自覚である場合とがあります。しかしどちらにしろ、子どもの心は屈折します。彼は、責めを負わずに済ませるために、嘘をついたりごまかしたりして、さらに親の怒りを買うはめになるかもしれません。しかし、子どもが嘘をつくのは自分の身を守るためです。自らのことはいっこうに省みることのない親から、全てあなたが悪いのよと言われた子どもの精いっぱいの悪あがきの姿です。子どもの嘘の起源には、自分の過失に対しては見て見ぬふりをするといった、親の本源的なごまかしがあるかもしれないのです。とても苦しいことですが、親は子どもの嘘を前にしたときに、自分がいったい何を庇《かば》おうとして、そのために何を犠牲にしているのか、それを考えなければいけません。

少し前に、あるお母さんから相談を受けました。

そのお母さんの子どもは中二の男の子で、成績は学校の定期テストでいつでもコンスタントに九割以上取れるくらい優秀な子です。しかし、その彼が最近、学校でも塾でもとにかく宿題をしない。部活動にもやる気を示さず、学校の先生には反抗ばかりする、だから困っているという相談でした。

「そんな状況なら、塾も部活もやめなさいよ、中途半端が一番ダメなんだから。いつもそう言っているんですけど。」

お母さんはこの半年近く、彼にずっとそう言い続けてきたと言います。

「でも、私のほうがいま資格試験の勉強に追われていて、彼をちゃんと見てあげる時間がなくて、彼を独りぼっちにしてしまうことが多いんですよね。うちは一人っ子だし。」

お母さんが弱々しい声でそう話されたので、私は言いました。

「だったらそれは、彼なりのSOSかもしれません。子どもは母親が見てくれないと感じたときに、良いことをして歓心を買おうとするし、それでも無理な場合、悪いことをしてでも自分を見てもらおうとするところがありますもんね。子どもは、特に男の子は、中学生になってもこれを無自覚なままにやってしまいますから。だから、寂しさに対する抵抗として彼のいまの態度があるなら、塾や部活を辞めさせるのは逆効果になってしまいそうですね。いま彼は、お母さんはいつも僕を責めるけど、全部、僕が悪いの？　と思っているかもしれませんから。」

「そう、そういう反応をするんです。そうですね。確かに私が一方的に取り上げてしまうのは……。私も自分自身のことを振り返ってみて、そして彼ともう一度きちんと話してみますね。ありがとうございます。」

そうやってその日の話は終わりました。数日後お母さんからお電話があり、本人と話しました、きっと心を入れ替えてがんばると思います、そうおっしゃいました。私はその電話の前日に、すでに心が切り替わった彼の清々しい姿を授業で見ていました。私は、お母さんが誠実に自分自身と子どもとに向き合われた姿を想像し、親の尊さというものを改めてかみしめました。

親がつい子どものせいにしてしまう心理の裏側には、実は、親の自罰的な心がはたらいています。うまくいかないのは全て私のせいだと、いつもどこかで自分自身を責め続けているのです。だから、子どものせいにする親のことを書いたこの文章を読んで、子どものせいにする自分をさらに責めるようなことがありませんように。むしろ、そうやって自分がいつも子どもを通して自分自身を傷つけている、その真面目さに気づいてほしいのです。そして、その真面目さがあるなら、きっと大丈夫だということを知ってほしいのです。その真剣さがあれば、子どもは勝手にちゃんと育ちますから。

子どもの調子やリズムが最近おかしいな、と思っていたら、実は親の頭の中のグルグルのほうに原因があって、子どもは以前と何も変わっていなかった。こういうことは多いです。親が自分自身を責める、それが子どもへの怒りのエネルギーに転化する。親と子の間では、こういうことがしばしば行われていることを心に携えておきたいところです。

7 放っておけない親

最近の親は構いすぎる、子どもを放っておけない、そんな話題が昨今の育児書には必ずと言っていいほど出てきます。確かに、いまの親は放っておくのが苦手な人が多いです。そして、できるだけ子どもに構ってあげないといけないと思っている親たちに限って、玩具《おもちゃ》やゲームなどをすぐに手渡ししてしまう傾向があります。そうやって、子どもに構うという行為をすぐにモノで代用しようとしてしまうのです。でも、構ってあげないといけないと思っている親が、そうやって代用のモノを渡すというのは本末転倒ではないでしょうか。それはむしろ、親が子どもに構うことを回避しながら、構っているという実感だけを得るということになりかねません。放っておけない親というのは、その辺りの自覚が不足しています。放っておけないと言いながら、肝心なところで楽をして子どもを放ってしまっている自分に無自覚なのです。

最近では、私と同世代の若い親たちが、小さい子たちがぐずるとすぐにタブレットを渡すのを目にします。あれはタブレットの画面が親に代わって子守《こもり》をしてくれているようなもので、ワーワーとうるさい子どもがとたんに静かになってくれるからすごく便利です。でも、何でもそうですが、手抜きをしたらそのツケは必ずどこかで払わなければなりません。子育てにおいてもそれは同じことです。だから、このツケはいつごろどんなふうにやってくるのだろう、そういうことをどこかで意識しながら手を抜くときには抜かないと、あとでツケが回ってきたときに、何でこんなことになってしまったんだろうと、いたずらに取り乱したり、周りに当たり散らしたりすることになりかねません。

昔の子どもたちは、与えられるモノも少なかったし、縛られる時間もいまの子どもたちよりずっと短かったはずです。そうやって大人が子どもを手放す時間というのは、子どもにとっては退屈な時間なのですが、退屈だからこそ、子どもたちは好き勝手に想像力を羽ばたかせていました。自分の世界を膨らませて物語を生み出し、事物に潜む物理的法則を自ずと発見していたわけです。

私は先日ネパールを訪れたときに、標高約三千メートルの土地にある小さな山小屋で、三歳の小さな女の子に出会いました。野菜や豆が入った、いかにも素朴なカレーやダルバートを出す食堂にいた彼女が持っていた唯一の玩具は、マダルと呼ばれるネパールの伝統太鼓でした。私はこのときにすごい衝撃を受けたんです。だって彼女はめちゃくちゃいい音を鳴らすのです。しかも叩きながら歌まで歌い、さらにノリノリで激しく体を揺らします。何て才

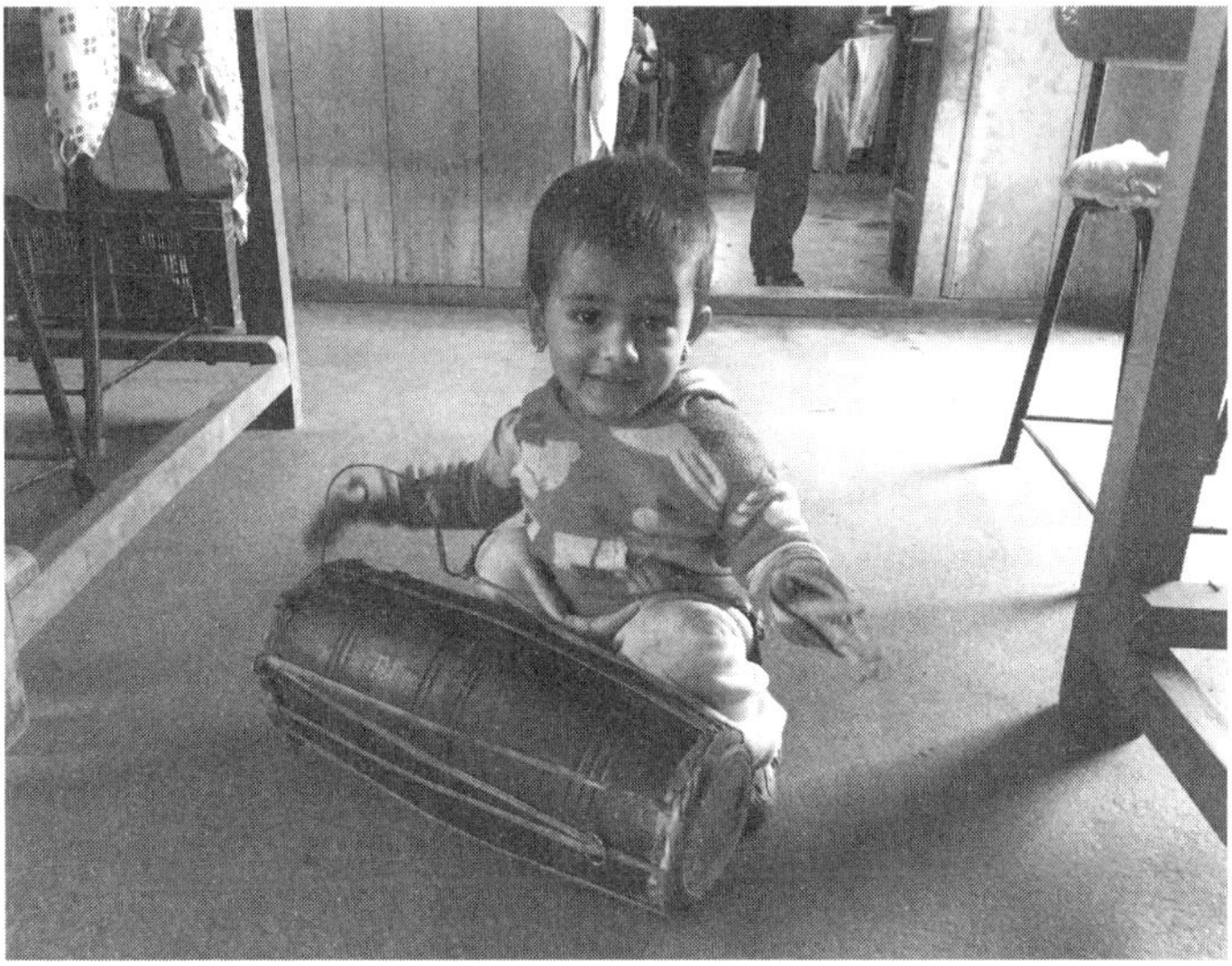

能なんだ！　これこそが音楽だ！　と私は感じ入ってしまいました。たくさんの玩具を持っている日本の子どもだと、決してこうはなりません。彼女はいつもこればかりで遊んでいるから、こんなに幼いのに、すでに一番いい音に辿《たど》り着いちゃったのでしょう。彼女は太鼓と毎日対話して、太鼓を正真正銘自分のものにしてしまったのです。私は彼女のパフォーマンスを見たときに、子どもの圧倒的な学習能力の可能性を見せられた気がして、目眩《めまい》がするほどの感銘を受けたのです。

一方で日本のいまの子どもたちに、このような異次元の能力開発を求めることは容易ではないかもしれません。タブレットの画面にはすでに画定した物語《ストーリー》があり、自ら物語を紡ぎ出す余白がありません。また高度化したように見える子どもの玩具は、それを選ぶ大人の目線に役すばかりで、むしろ子どもの夢を奪っています。子どもの思考力を育てることを目的とした玩具は数多くありますが、はじめからお膳立てが整いすぎると、子どもが想像力を働かせる余白がないし、直観で事物を捉える機会をあらかじめ奪ってしまうことになり、かえって応用的な思考力は育たないのです。だから、タブレットや玩具を与えられすぎた子はどうしてもハンディが生じます。既定のプログラムに基づいて、その範囲内においては的確な判断と行動を繰り返すことができるけれど、何かのきっかけでプログラムが破綻すると、とたんに自らの行動原理そのものを失ってしまうような、生きる想像力に乏しい人間が育つ懸念さえないとは言えないでしょう。

だからと言って、玩具やタブレットは決して与えないほうがよいという極端な話ではありません。とりあえずタブレットを持たせないと、子どもがジタバタするし、うるさいし、大人どうしで会話をすることさえままならない、そんなときもきっとありますよね。でも、タブレットを持たせる前に、まず子どもに「お前うるさいよ」「これ以上お前に構っていられないよ」と、半ば身勝手な親の感情を吐き出すことで、初めて子どもに伝わることもあるんです。だから、一言の声がけもしないうちに、いつもタブレットを持たせて黙らせているようでは、肝心なときに親の気持ちを察知して黙る子どもは育ちません。だから、やはりモノは使いようです。

よく昔の子どもたちは放っておかれたと言いますが、それは、ただ無責任に放置していたという意味では決してないでしょう。放っておくというと投げやりな感じがしますが、実際のところはなかなか難しくて、放っておくようでその子のことを遠くからでもしっかり見ている、心はいつも子どものそばにあることが必要で、それは忍耐を伴います。放っておくのがいいというのを聞いて、その言葉を真《ま》に受けて子どもからその身だけでなく心まで離してしまう親がいますが、それは単に育児を放棄しているのと同じことです。自分が苦しくなったから、少しの間子どもから心を離すことで楽になろうとしているんです。でも、そうやって本当に放っておくと、子どもはすぐに気づきます。そして、親から放置されたと気づいた子どもは、全力で自分に注意を向けさせようとがんばります。そうすると、子どもが何か深刻な問題を起こすこともあるでしょう。悪い事をしてでも、親の注意が自分のほうに傾けば、とりあえずの目標を達成したことになるのですから、子どもは必死になります。

勉強の話に戻すと、子どもにいつも何かを与えてしまうような、放っておけない親のもとでは、子どもの考える力がなかなか育ちません。幼児教育が熱心な昨今ですが、大人は子どもに教えること、教える方法のことばかり考えて、肝心の子どもの教えられる環境については考慮を怠《おこた》りがちです。実はこれが、教えることに失敗しているほとんどの人たちの根っこにあります。だから、何を与えるか、どうやって与えるか、それればかり考えるのではなくて、その子は何を見ているのか、何が楽しいのか、何に興味を持っているのか、そういった、子どもの「いま」に想像をめぐらせながら、子どもを見守り育てるための環境づくりに知恵をしぼるのがとても大切です。ただし、見守るというのは、案外大変なことです。親が幼児期の子どもにできることは、モノを与えるよりも、日々の暮らしの中で子どもの興味を涵養《かんよう》することであり、それができればたいしたものです。

いままでに見たように、親が子どもを放っておけずに、要らぬ言葉を投げかけたりモノを与えたりするときは、親がそのときに生じている自分のネガティブな感情を解消したいという欲求で突き動かされていることが多いです。このことを自覚できれば、親は子どもに何かを働きかける前に、ひと呼吸置いて自分の言動を点検することができるでしょう。いつも子どもに小言ばかり言って自己嫌悪に陥っているお母さん、お父さんたちは、一言発する直前に、たった一、二秒でいいですから、呼吸を整える（息を吸って吐く）ことを意識するだけで、きっと子どもとの関係性が変わってきますよ。

第2章 親はこうして、子をコントロールする

1 成功体験は危ない⁉

先日、教室に遊びに来た源《げん》くんと話しました。源くんは大学三年生。いまは京都の大学に通っています。源くんは小学校に上がる少し前から、お母さんと、そして三つ上の兄と三人暮らしでした。大学に入り、家族と離れて一人暮らしになって気づいたことがいろいろとあるそうです。

「僕の母って、いつも自分が正しい存在であることで輝いている人で、僕はずっとこの人の機嫌取りをしてきたんだなって、離れてみて初めて気づいたんです。」

かつての私の目には、源くんのお母さんは「あなたの人生なんだから、あなたの好きなようにしなさい」と子どもを手放すことに自覚的な方と映っていました。

「いつも、ふとしたときに、これは母が怒るだろうなとか、これは母が喜んでくれるとか、全く母の目に届かないところで生活しているのに、そうやって自分の行動を母の目でチェックしてしまうんです。これはもう癖みたいなもので、無意識にやっちゃうんです。これは母と離れて初めて気づいたことです。僕の母は基本的に、自分の人生に対してはあなた自身が責任を持ちなさいというスタンスで、僕自身、母といい距離感だと自分で思っていたところがあったんですけど、でも、母が長いこと僕に伝えてきた内容には、かなりのバイアスがかかっていたことに気づいたんです。この前、インタビューかなんかで養老《ようろう》孟司《たけし》さん（脳科学者、解剖学者。著書に『バカの壁』など）が、成功体験は危ない、という話をしているのをたまたま読んで。」

私は、彼のお母さんがかつて「私は源がどこの学校に行ってもいいと思っているけど、でも成功体験がないからそれを経験させたい」と話していたのを思い出しました。それは高校入試直前の面談の際でした。私のほうも、彼を二年以上指導してきて、彼が根っこの部分で学習に対する自信を持っていないこと、がんばる姿勢を見せているときさえ、どこか受け身の姿勢から抜け出せないことに対して、どうにか変化が生まれればと思っていました。だから私も、お母さんがおっしゃっていること、彼に根っこの部分で自信を持ってほしいという気持ちが理解できました。しかし一方で、このタイミングで彼の目の前でそれを言うのは、受験前の彼にとってプレッシャーになるのではないかな、そんなことを心配したあのときのこと——すでに六年も前のことになるのですが——をはっきりと思い出していました。

「成功の裏返しは失敗じゃないですか。だから僕はずっと失敗に囚《とら》われてきたんです。僕はいつの間にか、母親が用意していた成功と失敗の二元論の中で生きていて、単に目の前にあるものを自然に受け取るという単純なことができていなかったと、養老さんの話を読んで気づきました。成功体験というのは結果じゃないですか。結果的に成功したことが自信に繋がるということであって、成功体験を求めることから始めると、初めからその成功は損なわれていて、その先には喪失しかないんです。僕は単に事実を事実のままに受け取ればよかったのに、それを成功や失敗として受け取り、それで勝手に傷ついてきたことに気づかされました。これが、僕が母から知らず知らずのうちに受け取っていたバイアスのひとつです。」

そう話す彼の頬は少し紅潮していました。成功体験というのは、高度経済成長やバブルの記憶が残る人たちによる特殊な思考にすぎない、彼はそう断じました。この点についてはもっと根が深いものかもしれない、私はそんな気がしますが、確かに、成功体験を求めることは、どうしても「成功しなければ」というミッションを自身に課すことになり、それはその人の人生をがんじがらめにしてしまうことがある。彼が中学時代に、自信がなくて、いつも受け身に見えていたのも、成功体験にとらわれていたからかもしれない。彼の話を聞きながら、そんなことを考えました。

それにしても、最近の若い子たちは、大学時代に急激な成熟を遂げる子たちが多いと感じます。情報が氾濫《はんらん》する現代の状況は、ともすると負の面として語られがちですが、しかし、情報を読み取る力、取捨できる力がある子は、数ある情報の中から、自分の拠り所となる思考を的確に捉えます。そのときの道具として、インターネットなどの即席の情報が明らかに寄与していると感じることが多々あるのです。こうやって、生徒たち、卒業生たちから学ぶことはたくさんあります。

2 ある母と娘との電話

ある日の夕方、ひとりのお母さんから私のもとに電話がかかってきました。

「聡子《さとこ》が、先生の塾を辞めたいと言っているんです……。」

その子は、塾を辞めるも何も、まだ塾に入ってわずか十日しか経っていない生徒でした。

その二週間前に、私はお母さんからたくさんの話を伺っていました。これまでどこの塾に行っても本人に合わずに何度も辞めていること、これまでに通った塾のあれやこれやの欠点、本人がいかに数学ができないか、いかに努力しても報われないか、そういった話を延々と聞かされていました。

その電話のあった前日、私は聡子さんの三度目の指導を終え、教室にひとり残った彼女と雑談をしていました。そのときに、彼女の口から不意に飛び出したのはお母さんの話でした。

「あの人、本当にヤバいんです。家で、あの人の前で、私が数学を一問間違えるじゃないですか。そうしたら、あの人、あなたこんなのもまだできないの〜！　って何か突然キレ出して、あなたを教えてる○○先生おかしいんじゃない〜、て言い出して、いきなり塾に電話するんです。どんな指導をしているんですか？　どんな宿題の出し方をしているんですか？　って何かすごい勢いで先生、責められていて。そういうの見たら、なんかもう、塾に行きにくいじゃないですか。もう、なんか悪いし、恥ずかしいし、先生に合わせる顔ないし、もういいかな、みたいな。あの人、もうひどいんです。……ていうか、私ほんと、もう、いろいろどうでもいいんですけどね。もう、世の中の人がみんなバカに見えるんです。バカ、バカ、バカ、本当にバカばかり。親もクラスの人たちもみんな、みんな、みんな。」

彼女は一気にまくし立てるように興奮状態でそう話し、そして、話し終わった後、スイッチが切れたような脱力した表情で、ありがとうございました、と小さく呟《つぶや》いたあと帰っていきました。聡子さんが私の前でこのような話をしたのは初めてだったので、私は彼女の鬱憤、というか怒りのエネルギーのようなものに圧倒され、ただ話を聞くだけでした。お母さんの電話は、その翌日のことだったのです。

「辞めたいというのは間違いなく本人の意志でしょうか。私は昨日も聡子さんといろいろとお話をしましたが、本人には、辞めたいとか辞めたくないとか、そういうことを選択する意志自体があまりないように思えるのですが。」

「いいえ、本人が辞めたいと言ったんです。」

「塾というのは、まず本人の生活になじむまでに最低二、三ヵ月はかかります。そのころになって初めて、その塾が本人に合っているかどうかを判断できます。指導に具体的な問題がない限り、十日というのはあまりに短すぎると思うのですが、何かこちらに問題があったのでしょうか。」

「辞めたいというのは本人が言っているんですから、本人に聞いてみないとわかりません。」

私は、先日から何度も口から出掛かっては呑み込んできたことを、言わずにはおれなくなりました。

「お母さま、一言言わせてもらいますが、私は、本人がいま塾を辞めたいと言っているとしても、その原因はお母さまにあると思っています。」

「はあ?」

「先日から、お母さまと本人からいろいろとお話を伺いながら感じてきたことなのですが、お母さまはご自身の不安によって、お子さんを振り回しています。塾に通っている子たちの中には、俗に塾難民と呼ばれるような、塾を転々とするお子さんたちがいるんです。その子たちは、合うところがないと言ってさまざまな塾に入ってはすぐに辞めることを繰り返しています。しかし、本当に合う塾がないのではなくて、単に、親がすぐ不安になって、その不安に子どもが同調して塾を代えているだけです。でも、それでは子どもがかわいそうなんです。」

「……まあ、先生、そんなことをおっしゃるのですね……。振り回しているって、私は娘のことをいつも第一に考えて……。」

「お母さまは、いま、娘のことを第一に考えて、とおっしゃいました。確かに、お母さまは聡子さんのことを考えていらっしゃいますし、そのお心は貴重なものです。でも、お母さまが第一にお考えになっていることは、実際には娘さんのことよりは、ご自身のことです。ご自身の不安な心に我慢がならなくなって動いていらっしゃいます。本当に聡子さんのことを第一に考えているなら、こんなことにはなりません。塾をこれほど転々とするというのはかなりおかしなことです。それは決して娘さんのためになりません。」

「はあ、ちょっと先生、何を言っているんですか。私が娘のことではなくて自分のことを考えていると……おっしゃるのですね。今回、あなたの塾を辞めるというのは、聡子が言ったことなんですよ。ちょっと娘に代わりますからっ。」

「聡子ー！　聡子ー！　来なさいよ！」

凄《すさ》まじい剣幕で聡子さんを呼ぶ声が、電話越しに私の耳に響きます。このとき私は、しまった、困ったことになったと思いました。私は、その前日に聡子さんから話を聞いたことで、お母さんに対して抱いていた印象がやはり見当違いではなかった、という私なりの確証を得ていました。そして、さらにこの状況が続けば彼女はずっと苦しむだろう、という懸念を強くしていました。この日の私は、お母さんに対して具体的な疑念と怒りをすでに抱いていたのです。はじめからそんな心持ちでしたから、お母さんの突然の電話に刺激されて、私は不用意に踏み込んだ話をしてしまったのです。しかしこれは、彼女に辛苦の飛沫《ひまつ》を浴びせかねないことでした。

「もしもし……。」

「もしもし、聡子さん。塾を辞めるとお母さんからいま聞いたけど、昨日はそんなそぶりが全くなかったよね。どうかしたの？」

「……。」

「何か辞めるきっかけになることがあった？」

「……母と話して……。」

（ねえ、辞めるの、辞めないのっ？　どうするのっ？　はっきりしなさいよ!?）

電話口の後ろから、私と話したときとは全く違う、罵声のような強圧的な母親の声が聞こえます。

「自分の意志で辞めるの？」

「……。」

（ほらっ、はっきり言いなさいよ。ねえ、どうしたいの、辞めたいの、続けたいの!?）

母親の追い立てるような濁った声がひっきりなしに聞こえます。私は、電話の向こうの彼女の心の地獄を想像しました。

「……塾を辞めます。ありがとうございました。」

彼女は表情に乏しいながらも、はっきりとした口調でそう言いました。昨日、立て板に水の勢いでしゃべり倒した彼女が嘘のように、電話の向こうには、いまの地獄をただ終わらせたいという息遣いのみで立ち尽くす彼女がいました。考えてみれば、彼女は今日も明日もこれからも、母親と生活を共にしていかなければならないのです。それなのに、私は親子の間に傷口を見つけ、そこに塩を塗るようなことをしてしまったのです。私は届くことのない心の声で、彼女に謝罪しました。

彼女がそう言った後、すぐにお母さんが電話口に戻ってきました。

「ほぉら、先生、いま本人が塾を辞めますと自分で言いましたよね。本人の口から、確かに本人の意志で、そちらの塾を辞めると間違いなく言いましたよ。」

そのわずかに震える勝ち誇ったような口ぶりに、私は再び頭に血が上るのを感じ、とっさに何かを言わねばと思いました。

「お母さま、いまのは本人が言ったのではなく、お母さまが本人に言わせたんです。本人には何の意志もありません。お母さまはいつもそうやって自分の意志をまるで本人の意志であるかのように見せかけて、実際には本人をコントロールなさっているんですね。」

「はあっ⁉ 先生、まだそんなことをおっしゃるんですね！ もうっ。」

激昂《げっこう》して漏《も》れた叫び声とともに電話は切れ、そしてその親子と私は、二度と顔を合わせることはありませんでした。

私はこの電話の後に反省しました。親は親である前に、ひとりの人間です。何度か話しただけの他人に自分の行為を一方的に解釈され、それを否定される。反発が生まれるのは当然です。私は実際のところ、お母さんのことも聡子さんのことも何もわかっていないかもしれません。少なくともお母さんからすれば、間違いなくそうでしょう。そして、もし母親に問題があることが事実だとしても、母親だけが「悪い」わけではありません。母親は自らの生い立ちの中で、何かを背負ってこれまで生きてきたのでしょう。数代にわたる親子関係の問題が、まるで宿業のように現在の母親に表出しているのかもしれません。そうだとしたら、母親だけにその責めを負わせるのは酷なことですし、そんなことをしても問題解決への糸口をつかむことはできないでしょう。

このときから私は、親に対して、問題点をありのままに伝えるというやり方に、限界を感じるようになりました。それよりも、かつて子どもだった大人に、いま必死に親としてがんばり抜こうとしているかつての子どもに、もつれた糸をほどくような手紙を書かなくてはならない、そう思うようになりました。

3 親はこうして子をコントロールする

私はこの電話が終わった後、半ば呆然としながら、少し前に読んだ、ある私立大学入試問題の英文を思い出していました。

その英文に描かれていたのは、一九七〇年ごろのアメリカの様子です。ベトナム戦争の最中、アメリカで戦争を支持する人たちは、戦争に反対する人たちに対して、あるスローガンを連呼しました。

"America, Love it or Leave it."

「アメリカを愛せよ、さもなければアメリカを去れ。」

この成句は、"Love it"と"Leave it"というフレーズがorによって対置されることで、受け手に二つの選択肢(アメリカを「愛する」か、「去る」かの二択)を与えています。しかし、現実にそれが意味するところは、「アメリカの戦争を支持しないのであれば、アメリカを去れ」という極めて排外的かつ強迫的なメッセージです。この怒りの成句は、当時、アメリカへの愛と忠誠が足りないと指弾された反対派の人たちへの脅し文句として機能したのです。実は、これと同じ論法が、私たちと子どもとの関わりの現場でも多用されており、この母と娘の間にも同じようなロジックが横たわっていたのではないか、そんなことを考えていました。

先日、ある中三の生徒が、学校の部活動で起きた出来事について、興奮気味に話してきました。

「顧問の先生が、そんなにやる気がないなら帰れー！　っていうから、そう言うなら帰ろうと思って帰ってたら、先生が怒鳴りながら追いかけてきて、本当に帰るなんてふざけるなーって言ってキレて怒られたんですよ。ありえなくないですか。」

その子は普段から、何かと理不尽なことに敏感な生徒です。大人にやれと言われたことに対し、「なぜやらなければいけないの？」と必ず一度は問い直すタイプの子です。彼の言葉に対し、私は「うん、それは先生が悪いね」と答えました。「やる気がないなら帰れ」と言ったならば、やる気がなくて帰った生徒に対して何も言うべきではないでしょう。その子は言われたとおりにしたのですから。言われたとおりに行為した子に対して追いかけて怒鳴り散らすのは、道理が通りません。

なぜこんなことになったのかと言えば、実際のところ、「やる気がないなら帰れ」という言葉は、「やる気を出せ、さもなければ家に帰らせるぞ」という脅しだったわけです。「やる気を出す」か「帰る」かの二択を与えていたわけでなく、はじめから「俺の言うことを聞いて、おとなしくやる気を出せ」という絶対的な命令を下していたわけです。その生徒が帰宅したのは、そうやって自分が一方的な押しつけをして生徒に権力をふるっているという事実を、安易な言葉でごまかそうとする先生への反発でしょう。先生は、自分の脅しに生徒が屈しなかったことで、生徒に舐《な》められたと逆上し、彼を追いかけ叱りつけました。それは、自分が下の立場だと思っている相手からバカにされたときに生じる愚劣な憤怒《ふんぬ》以外の何物でもありません。このような大人の行為は、自らの身勝手さとそれに対する負い目、さらにその負い目をも覆い隠そうとする大人の醜悪さを忽《たちま》ちに晒《さら》してしまうような、大人の性根が馬脚を露《あら》わした瞬間として、子どもたちに印象深く記憶されるでしょう。

これと同様なやりとりは親子でも起こりますが、親子の場合には、学校の先生よりもいっそう深刻な事態になることがあります。この生徒は、「帰る」という行為によって先生にいっときでも反逆することができました。しかし、親というのは子どもが「帰る」べき場所にいる人間であり、その実生活と生命を支えている存在であるため、先生とは大きく関係性が異なります。親は文字通り子を保護する存在であるために、親が子に対して同じロジックを用いた場合、子には実質的に一切の選択権が与えられずに、ただただ一方的に子の不満が鬱積《うっせき》する、そういうことになりがちで、これは子どもにとってかなり苛酷なことなのです。

親はたびたび言います。「今度のテストでがんばれなかったら、もう部活をやめなさい。」「塾の宿題ができないんだったら、もう受験なんかやめちゃいなさいよ。」「そんなに勉強やらないんだったら、塾をやめたらいいじゃない。」

これらはもちろん子どもを思っての言葉でしょう。本当に部活動をやめろ、塾や受験をやめろと言いたいのではなく、ただ、子どもに勉強をがんばってほしいという一心で投げかけられる言葉でしょう。しかし、親はこの論法を使うときに、それがまさに一方的な押しつけの言葉であり、さらに押しつけ以上の意味を持つことに気づかなければなりません。先に述べたとおり、親は子の暮らしを、そして生存そのものを支える存在です。さらに、親と子は愛情で結ばれる関係です。親がお金を出さない、そう言ってしまえば、子は当然、部活動も塾も続けられません。さらに言えば、そこに「○○しなさい、さもなければあなたを愛さない」というニュアンスが含まれている場合には、それは、子どもにとって生存の根幹を揺さぶる脅迫となるのです。自分が大切にしている生活の鍵と愛情の糸が、すべて親によって握られているとき、子どもは一切の自由意志を持ちえません。こうして子どもは、親が自分を保護している以上、そして自分にとって代わりがいない存在である以上、原理的に逆らうことができないことを知ります。そして、親の権力が逐一徹底されれば、子どもは自らが自由意志の発露を断念すべき存在である事実を知るに至ります。その結果、子どもは、あらゆる意欲、生きるという最も本源的な意欲さえも、根こそぎ奪われることになりかねないのです。

ところが、こういった子どもへの脅迫じみた干渉は、多くの場合、親自身にとっても気持ちの良いものではありません。子どもに向けた矢は、いつでも自分自身に向けられた矢でもあるのですから。ほとんどの親は、このような押しつけに自分のほうが疲弊してしまい、持続することができません。そして、どこかでうやむやになります。子どもはそのうやむやの隙《すき》をついて、束の間の自由を謳歌します。そのうやむやのせいで、親の言動は子にとってどこか一貫性のない、説得力に欠けるものとなっていくのですが、それが必ずしも悪いというわけではありません。案外そうやって、多くの親子は拘束と自由、緊張と弛緩のバランスを取り、子どもはその隙に愛情の糸を自分のほうにたぐり寄せているものです。

しかし、中にはそのバランスがうまく取れない親子もいます。例えば、親が徹底して子に対して要求をし続ける場合です。親は自分自身が疲弊しても、疲弊によるさらなる怒りを糧にして、いっそう厳しい要求を子に押しつけます。親と子という本来的に非対称な関係の中で、一方的な押しつけを受け続けた子どもの心には、親に対する怒り、親の周囲に対する怒り、さらには、それを事実上許容している社会システム自体に対する怒りが募ってゆきます。その怒りは外と内、どちらに向かう場合もありますが、その多くは内向きになる傾向があるようです。自身の現状に失望しきってしまい、しまいには厭世的《えんせい》な諦《あきら》めが生まれるのです。こうして子どもの精神は荒《すさ》んでしまいます。そして、一度荒んでしまったものを再びもと通りに戻すのは、とても難しいことです。

このように、本人の意志で選択させているようで、実際のところは親の意志の通りに子をコントロールする。それは、子の人格と意志を無視し、否定するのに等しいことです。でも、そのことに気づかない、または気づかないふりをする親が多いのです。わざわざ本人の意志で選択させたかのように見せかけるのは、自身の利己的な欲求を見ないようにするためです。自分が子どもを都合よくモノのように扱っている、その事実を隠蔽《いんぺい》するためです。親というのは、多かれ少なかれ、頭のどこかで、子を思い通りにすることができるし、その権利があると思っているものです。そういった意識が頭のどこかにべったりとこびりついているのに、それをなかなか見ようとしないのです。

親が「本人の意志で」と言うときには、それがいままで述べたような親の積極的関与、利己的な欲求に基づくものである場合もありますが、それとは別に、親の消極的関与とも言うべき状況もあることは見逃せません。例えば、子どもが重要な選択をすべきときに、子どもだけでなく、実は自分のほうでもどう選択すればよいかわからない、自信がない、そういったときに、自分自身に迷いがあるから、子どもに「自分で選びなさい」とその選択を押しつけ、責任を子どもに負わせようとする場合がこれに当たります。親は自分の欲求を隠すだけでなく、自分が意志決定できない場合も、それを隠そうとすることがあるようです。でも、子どもが自分の意志で選択できるようになるのは、大人が考えているよりずっと遅く、高校や大学に入ったころにようやくというのが、実際のところではないでしょうか。ですから、本来は子どもの意見を聞くだけではなく、子どもが意見を言うなら、親も意見を言う、そしてお互いの意見を聞きつつ、結論を導き出すというほうが、ずっと自然な形のはずなのに、さも子どもの意見を尊重することが正しい親であるかのように振る舞うことで、子どもの選択に対する責任を回避し、それを責任能力の乏しい子どもに押しつけるという場面が多々見られます。そのような、親が子に対して行う積極的関与と消極的関与は、親の利己性の発現という意味では、結局のところ表裏一体の関係にあります。

でも、実のところ「どう選択したらよいかわからない」というのは自然なことで、何も悪いことではありません。選択することは一種の賭けでしかなく、賭けである以上、それを正当化するための自己欺瞞《ぎまん》がつきものです。選択することは立派なこと、自ら責任を引き受けること、とやたら持ち上げられることが多いのですが、選択が素晴らしいというのは、成功者の成功に至るまでのドラマを盛り上げるのに都合がよいからであり、選択自体には、成功の意味づけ以上の価値は見当たりません。ですから、必要以上に選択にこだわりすぎない、ひとつの選択肢を特権化しすぎない、このことが、受験などの人生の岐路において、親と子がやわらかに協働する上で欠かせない認識です。実際に、選択する人間に立派なところがあるとすれば、そうやって「わからない」のにもかかわらず、何かを信じ、そこに飛び込んでしまうような衝動を抱え持っているところでしょう。私たちは一寸先さえもわからない、だからこそ今日も生きてゆけるのです。

4　カンニングをする子どもたち

カンニングは子どもたちの指導につきものです。顔の角度は一切変えずに眼球だけを巧みに動かして横の子の解答を盗み見る男の子、髪の毛で自身の目の動きを隠しながら、隣をチラ見することを繰り返す女の子。それにしても、カンニングをする子は多いです。きっと、たくさんの教育者たちが、子どものカンニングに気づいていて、それについて困ったなと思っています。しかし、気づいている数のわりには、子どもに直接注意をすることは少ないのが現状です。

なぜ指導者たちはカンニングをする子を放っておくのか、それは無責任ではないか、そう思われる方もいるでしょう。私だったら有無を言わさずその場で叱りつける、迷いなくそう言う方も、中にはいらっしゃるでしょう。しかし、カンニング行為を注意するのは、実際にやろうとすると、かなり慎重にならざるをえない難しい作業なのです。

第一に、その行為を百パーセント実証することは極めて困難です。いくら目線が隣に及んでいるとはいえ、その目線がそのままカンニングであると断言することは、直接証拠どころか間接証拠としても不十分です。そしてその罪が実証できなければ、子どもからすれば、ただ冤罪《えんざい》をなすりつけられたということにもなりかねず、そうなると子どもとの間の信頼関係はもうガタガタです。

第二には、カンニング行為という不正を多数のクラスの中で暴いて個人を断罪することは、その子にとって大きな心の傷になります。大勢の前で「カンニングをした人」「ウソつき」というレッテルを貼られることは子どもにとって大きな痛手で、ときにいじめられる原因になることさえあります。（私は実際に、担任の先生にカンニングの嫌疑をかけられたことをきっかけに、学校でいじめられるようになった子どもから相談を受けたことがあります。）その疑いが誤りであった場合はなおさら、その子にとっての不信感と心の傷は大きなものになるでしょう。ですから、カンニングに対する指導は、どうしても慎重にならざるをえないのです。

それでも、カンニングをしていると思われる子たちに対しては、私なりにいろいろなアプローチを試してきました。最も指導しやすかったのは、カンニングペーパーを使うなどはっきりとした直接証拠があり、しかも、その場の出来心でちょっとやっちゃいましたというような、軽いノリの子たちです。彼らは簡単に罪を認めますし、一度厳重に注意をすれば再犯もほとんどありません。ある「軽いノリ」の男の子が卒業して七、八年経ったある日、地下鉄の駅で就職先が決まったばかりの彼に、たまたま会ってしばらく話し込んだのですが、そのときに、彼が中学時代の自らのカンニング事件について楽しそうに回想しだして、私はたまらずに驚きの声を上げました。彼にとってのカンニングは、何ら痛々しい記憶ではなく、バカだった青春時代の懐かしい思い出《ネタ》のひとつだったのです。彼はこれからも時にバカなことをやりながらも、その時々に合わせた対処のしかたを学びながら、楽しく器用に生きていくのだろうな、それはそれで幸せだなあ、つくづくそう感じたことを思い出します。

一方で、指導が難しいのは、カンニングにその子の生命の一滴が懸けられているような迫力を感じるときです。そういう子たちにカンニングのことを正面から切り出すと、その子が必死に守っている大切な何かを瓦解《がかい》させてしまいそうで怖ろしいのです。

それでも、そういった子に指導が届いたと感じたこともありました。

ある年の冬休み、中二の模試を監督していたときのことです。不意にある男の子の不穏な目の動きが目に留まりました。私にとって、その子がカンニングをすること自体かなり意外なことだったので、初めは自分の目を疑いました。しかし彼は、その日に限って何度もカンニングを続けました。あまりに繰り返すので、私はそれを実証する必要があると思い、隣の子との解答を比べました。そうすると、案の定ありえないような共通した不正解の答案がありました。ナポレオンのことを二人ともがナポリタンと書くような、それだけ聞けば笑い話になるような類《たぐい》の誤答です。それで、これは残念ながら間違いないと確信しました。

テストがもうすぐ終わるとき、わたしはどうしたものだろうと考えました。私とその子の間には、それまでの二年間の指導で培われた信頼の轍《わだち》のようなものがありました。私はその間に「君という人間をそのままで信頼している」ということをその子に何度も表現してきていましたし、内向的に見えるその子も、そんな私の態度を見て安心して学習していました。

その子はとても生真面目なところがありました。彼は決して勉強を要領よくこなせるタイプではありませんでしたが、それでも、自分のできることをその都度きちんと丁寧に実行することに長けた子でした。しかし、そんな彼は、最近になって母親から、こつこつやっているのになぜ成績が伸びないの？　と繰り返し言われていました。数日前にも、お母さんが本人を前にして、そう言いながら心配しているのを私は聞いたばかりでした。ですから、今回の模試で点数が取れなかったら、母親から責めを負うことになるだろうことに対して、彼が大きなプレッシャーを抱えていることは容易に想像できました。こんなに生真面目な子なのに、こんなに追い詰められてしまって、本当に気の毒だなと思いました。

それでも、どのような理由があったとしても、彼がカンニングをしたことに対して、私は何かを伝えなければならないと思いました。彼のような潔白の人がカンニングをすることに慣れるのは、とても寂しいことだと思ったからです。でも、目の前にいる繊細なひとりの子を見たときに、彼が私の正面からの断罪に耐えられるとはとうてい思えませんでした。彼の心がもう一度貝のように塞《ふさ》ぎ込んでしまうことを私は恐れました。だから私は、彼にあえて逃げ道を与えつつも、言うべきことを伝えようと思いました。

私は、テスト終了後に全員がしーんと静まり返っている中で次のように言いました。

「私はいま、英語のテスト中にカンニングをしている子がいることに気づきました。一人の子なのか複数の子なのかは、ここでは言いません。でも、どちらにしても、その子は私がとても信頼している子だったのでびっくりしました。でも、事実その子はカンニングをしていました。よく考えてみてほしいのですが、カンニングというのは人を裏切る行為です。模試にかかわった人たち、先生、親、カンニングをした友人を裏切る行為です。そして何より自分を裏切る行為です。カンニングをした模試の結果を見て、合否判定を見て、納得できますか？　その結果や判定は正確なものではありません。そんな結果に欺《あざむ》かれて、自分を騙《だま》したままで受験に向かい、そのあげくにこんなはずじゃなかったと後悔する結果になってしまったらどうするのですか？　私は普段からカンニングに気づくことがあります。カンニングというのは自分ではバレていないと思っていても、ほとんどの場合バレてるんですよ。先生たちは注意しないだけなんです。なぜかというと、それはその子が自分自身でカンニング行為のむなしさ、バカらしさに気づいてほしいという気持ちからです。いま胸に手をあてて自分のことかもしれないと思っている人、私はその人のことをこれからも信頼していくように努めます。今日、私はその人の弱さを知りました。でもその人の良さもたくさん知っているので、これからも信頼するように努めます。自分のことだと思った人は、少し損なってしまった信頼を取り戻すようこれから努力してください。カンニング行為を続けることで、これからも少しずつ信頼を失っていくとしたらとても悲しいことです。そして、その人が自分自身への信頼さえも損なっていくとしたら、こんなに悲しいことはないのです。だから、自分で今回のことをよく考えてください。もう一度言うけど、私はその人のことをもう一度信頼します。だからもう裏切らないでください。自分の心の弱さに負けたせいで自分自身を裏切ることも、今日で終わりにしましょう。」

カンニングをしたその子は、私が話す間、青い顔で硬直していました。周囲の子たちも他人ごとではないことを察したのか、緊張した面持ちで聞いていました。その後、彼のカンニング行為はなくなりました。その子が卒業していくときには、私はまるで古い友人と別れるような気持ちで彼を送り出しました。それはいまも大切な思い出として、私の心深くに残っています。カンニングの件を通して、彼の弱さ自体が消え失せたわけではないでしょう。しかし、嘘について、信頼について、自分が自分を騙すことで自尊心を損なわせることについて、彼に考える契機を与えることはできたと思いますし、それが当時の私ができることの全てでした。

カンニングの件の後、私は彼のお母さんと二人で話をする機会を得て、先日のテスト中に起こったことについて率直に伝えました。すると、彼のお母さんは、私が彼にプレッシャーをかけすぎたのでしょうねと、私が所見を言う前にすぐに言葉を返しました。私はそのとき、お母さんの実直さに心を打たれました。

子どもがSOSを出していることに気づいたときに、すぐにそれを自分自身の問題でもあると気づいて、子どもに寄り添える親でありたい。そうは思っていても、それを認めることで自分が傷つく場合には、なかなか親は問題を直視できません。

でも、親が子に干渉しすぎてしまう気持ちも、それによって子どもに問題が起きたときに責任の一端が自分にあることを認めたくない気持ちも、それ自体はどうしようもないことで、その感情を否定してもしかたがありません。だから、まずは自分がそういう感情を持っていることを認めたうえで、それを掌《てのひら》の上に広げてみて、感情自体をじっくり見つめてみるのです。そうすれば、その感情を十分に理解することはできなくても、感情自体も、親として、そしてひとりの人間として大切なものなのだと気づかされるかもしれません。自分のたよりなさをちゃんと抱えてあげてください。

5 幻想の共同体、母と娘

ある中三の女の子がいました。その子は市子《いちこ》さんという名で、誰とでもすぐに打ちとける活発で明るい性格の持ち主でした。しかし、彼女にはひとつ問題がありました。極度のカンニング癖があったのです。

カンニングは通常、周囲にバレないように慎重に行うものです。しかし彼女はとても大胆でした。誰から見てもはっきりとわかるような様子でじーっと隣の子の解答を見るのです。あまりにあからさまなので、隣に座った生徒たちは、思わずテスト中に彼女と自分の間に筆箱の壁をつくるほどでした。彼女はあまりにカンニング馴れしすぎて、カンニングをしなければ答案が作れないような心理になっているように見えましたし、また、その大胆さには、いくらカンニングをしようと大人たちは私を叱ることはない、という確信のようなものさえ感じさせるものがありました。

私は市子さんの過度のカンニング癖を直したいと思い、いろいろな策を講じました。彼女がカンニングを始めたとたんに、「いま横をちらっと見た人がいるけど、カンニングと誤解されるようなことをしないで」と間髪を入れずに全体に呼びかけたり、カンニングに気づいたらすぐに彼女の目の前まで行って、ずっとそこに居座り続けたりということを繰り返しました。しかし、それでも彼女はカンニングをやめる気配はありません。隣の生徒と考えられないような誤答の一致などもあり、情況証拠は揃っていたので直接彼女を呼び立てて注意することも考えましたが、彼女は決して自らの過ちを認めない迫力のようなものを纏《まと》っていましたし、情況証拠を見せつけたところで、彼女は大げさにしらばっくれるか、場合によっては、見た相手側が私の解答を見たのではないか、そう言いかねない（そう言われた場合の論理的な反論が難しい）と感じていました。

彼女はカンニングだけでなく、自分の成績をことさらによく見せようとしました。例えば学校の定期テストの結果を実際よりも高く塾に報告したことがありましたし、授業中に「この問題解けた人〜？」と子どもたちに挙手を求めると、解けていなくても、いつも必ずと言っていいほど彼女は快活な様子で手を挙げて、自分がいかにできる人間かということを周囲にアピールしようとしていました。

彼女はなぜいつも虚勢を張らなければならないのか、誰彼構わず偽《いつわ》りの自分を見せなければならないのか、私はずっとそのことを考えていました。彼女の虚勢は、それが彼女の性質そのものなのだと思わせるほど彼女に根づいており、それ自体が彼女の行動原理となっていました。彼女の真の実力を見抜こうとする私の視線は、彼女にとって決して愉快なものではなかったでしょう。しかし、それでも彼女は、私に対しても自身を高く見せようとすることを怠ることはありませんでした。悪い点数を取ったときには、なぜ取れなかったのかを授業後にわざわざ解説しに来ました。④番を解いているときにお腹が痛くなったとか、③番を解くことにこだわりすぎて最後のほうが解けなかったとか、今日は学校で○○があったせいで問題を解くのに集中できなかったとか、そういったことです。逆に予想外に良い結果を出したときも、アピールを忘れることはありませんでした。

高校入試を数ヵ月後に控えた中三の秋の面談で、市子さんと彼女のお母さんと三人で一時間ほど話しました。そのときに気になったのは、お母さんが彼女の成績状況を顧みることなく、この子ならきっと地元最難関校のF高校を目指せるはずだと信じていたことです。一般に、公立高校の普通科を受験する場合には、その子の学力レベルに合った学校を志願するのが志望校選びのベースになるのですが、お母さんは初めから市子さんがF高校を受けるという前提のもと、他の選択肢を完全に退けて話をしていました。どんな親にも多少の意向はあるものです。とはいえ、そのような強引とも言うべき話の進め方をする親は珍しいので、私は強い違和感を覚えました。彼女は、F高校を目指すにはあまりに実力が不足していたのです。それどころか地元の三番手、四番手の高校の合格さえ危うい成績でした。やってできないことはないと言いますが、殊に受験に関しては、ある時期を過ぎると、合格可能性がある学校とそうでない学校はある程度定まってくるものです。私の判定では、市子さんがF高校に合格する可能性はないと言わざるをえない状況でした。

「市子さんはF高校の合格は難しいです。現時点では合格基準点まで三〇〇点満点中一〇〇点ほど不足しています。それどころかT高校の合格も危うい状況なので、志望校について再検討が必要です。」

「先生、この前の塾のテストは最悪でしたけど、学校の実力テストではもう少し取れていましたよ。塾のテストは相性が……。」たまらずに市子さんが口をはさみます。

「先生、やっぱり市子ががんばると言う以上、親としては信じてあげないといけないと思うんです。無理というのは簡単なことですけれど、何事も絶対に無理ということはないと思いますので、親としてはやっぱり信じてあげたいと思います。私も市子も、いままで一貫してF高校に入学したいと思ってきました。市子にはF高校の校風こそが合っていると思うんです。ですから先生、市子にどうか力を貸してください。先生のことは本当に信じていますので。」

市子さんの成績について私が否定的見解を述べているとき、彼女は時折とても苦しそうな表情を浮かべ、チラチラと母親の顔色を窺《うかが》っていました。そんな彼女を見ながら、市子さんは私が母親に虚飾されていない実際の学力を伝えることが本当に嫌なのだろうなと感じました。一方で、お母さまはそんな彼女の成績を嘆きながらも、なぜかどこかで本人以上に現実を直視していないところがあるように見えました。私がいくら現状を伝えたところで、お母さんは娘がF高校を受験する以外の選択をすることなど考えていないし、そもそも考えたくもないということがはっきりと伝わってきました。穏やかな口調の奥にあるお母さんの頑《かたく》なな意向に、私は少し怖ろしいような気持ちになりました。

彼女が四六時中虚勢を張らざるをえない原因の根っこに、母親の存在が強くあることをはっきり理解したのはそのころからです。お母さんはその後も、学校や塾からどれだけ合格可能性は低いと言われても、私は市子の力を信じているからとその姿勢を崩しませんでした。しかし、それは娘を「信じている」というような美しいものではなく、あなたは私のイメージ通りの娘でなくてはならないという、有無を言わさない脅迫そのものでした。あなたは私の理想のイメージの中で生きていくのよ、暗黙のうちにそう言われ続け、必死にそれに応えようとしてきた彼女の姿が見えました。それはとても健気で、ひたすらに一途な姿でした。そして、もしかしたらそれは、かつての母親自身の姿なのかもしれません。彼女は、成長するうちにどこかのタイミングで気づいたのでしょう。母親の思う娘になるためには、母親だけでなくまず自分の周囲の人たちから欺かなければならない、そして自分自身をも欺かなければならないと。彼女の周囲に対する一貫した虚勢、自分は賢く尊敬を集められるべき存在であるとする振る舞い、さらに自分の（カンニングなどの）行為がいかに大胆なことかに気づかないその鈍感さ、これら全ての原因がひとつに集約されるように見えました。

その後も、彼女は母親のイメージ通りの娘になることばかりを考えているようでした。ある日とうとう私は、市子さんはテスト中にカンニングに見える行為をしているけれど、それをやめなければ受験で失格になるかもしれないと彼女に伝えました。すると彼女はとっさに、そう見えてしまう癖があるみたいなのでそれを改めたいと言いましたが、その指導を受けた後も変わらずカンニングを続けました。彼女は、母親の信任を受け続けるために、母親から失望されないようにするために、不正というリスクを冒してでも、実力のある私、F高校に合格する可能性がある私を母親に見せなければならなかったのでしょう。そのためには、模試でカンニングをすることは彼女にとってどうしても実行せざるをえないミッションだったのです。でも悲しいことに、彼女は心の底では知っているのです。自分がF高校に合格する力が決定的に不足していることを。なぜならカンニングという行為自体が、自らの力不足を自分が偽りなく知っていることの証左なのですから。もし仮に人を騙しとおせたとしても、自分自身を騙しとおすことはできません。F高校に合格する可能性がほとんどないことを頭の隅で知っている彼女が、合格を本気で目指している他の子どもたちより努力できるはずがありません。模試で座席を調整するなどして物理的にカンニングを不可能にする対策を講じたことも相まって、彼女の成績は、受験が近づくにつれて、さらに下降線を辿りました。

いよいよ志望校を最終的に決める時期がやってきましたが、市子さんはそれでもやはり、F高校を志願していました。彼女は、他人に役するばかりで、自分自身のための勉強というものを知らないままに受験直前期を迎えてしまった、悲しい受験生でした。

志望校の最終願書締切日の前夜、私は市子さんと話をしました。彼女に嘘のない受験をしてほしい、最後の数週間くらいは本当に自分のためにがんばってほしい、その希望を私は捨てていませんでした。市子さんはその時点で、すでに滑り止めで受験した私立高校一校に合格していました。しかし、彼女はそのS高校の合格を、口にするのも憚《はばか》られることのように皆の前で隠しており、そして私と二人ぼっちのときには、S高校には死んでも行きたくない！　とたびたび口にしていました。

「市子さん、受験には奇跡は存在しないし、奇跡が存在しないからこそ受験は平等で、信頼に値する制度なんだと思うよ。いまの成績で市子さんが合格する可能性はどうしても考えにくい。それは自分でも本当はわかっているでしょう。それなのになぜF高校にそこまでこだわるの？　だってS高校には絶対に行きたくないんでしょ？　それだったら、受かる可能性がある学校を受験しないと！　例えばT高校はどう？　市子さんが過去三ヵ月でとった成績の中で一番いいこのテスト！　このとき、英語すごいがんばったよね。このときのテストと同じくらい本番でがんばったら、T高校、勝負できるかもしれない。この数週間、一所懸命に努力したら合格できるかもしれないよ。T高校もなかなかいい学校だよね。制服もかわいいって言われているのを知ってるでしょ。どうせ受験をするなら、ちゃんと勝負しようよ。」

「……T高校、家から近くて制服もかわいいし、いいと思うんですけど、逆に家からちょっと近すぎるかなーって。だって家を出てすぐ左に曲がったところの道にT生がいつもいて。いつも見ている人たちの学校に行くのっておもしろくなくないですかー？」

「じゃあ、M高校にする？」

「イヤです。M高校は行きたくないです。」

「M高校はイヤ、S高校も絶対にイヤ。じゃあなんでF高校を受けようとしているの？　T高校はS高校とかM高校よりはいいと思っているよね。じゃあT高校を受けたほうがいいはずなのに、なぜF高校にこだわるの？　志望校のレベルを下げたのに、T高校にまで落ちてしまったら、ということを考えると怖くなるの？　ねえ、市子さん、もう一度よく自分の気持ちを見つめてほしいんだけど、市子さんは本当にF高校に行きたいの？　市子さん自身がF高校に行きたい、そう強く思っているように感じないんだよ。これはいまの話じゃなくて、ずっと前からそう思っていたんだけど。市子さんは、もしかして、自分のためというより誰かのために勉強しているんじゃない？　市子さんのお母さんは市子さんがF高校に行くものだと信じきっているよね。そのお母さんの気持ちを裏切りたくない、そういう気持ちもあって、市子さんはF高校に行きたい、そう言い続けているんじゃないの？」

「……。」

市子さんは少しの間ぎゅっと唇を嚙みしめた後、唇を緩め、そして観念したような表情になり、そして、ぽろぽろと涙を流しはじめました。

「……先生。どこまでが母の気持ちで、どこまでが私の気持ちかはよくわからないんですけど、私がF高校に行きたいという気持ちがあるのは本当で……、これは、本当ですよ。でも、先生がおっしゃったように、私のためではなくて……、私は母のために、勉強している……受験している……それは、そうかもしれません……。」

「そう。」

「……先生。私、ひとつ思い出すことがあるんです。幼稚園のときから小学校の四年生くらいまで、私、ある習い事をしていて。そこには週に三回、母といっしょにバスで通っていたんです。そして、そのバスに乗っていると、いつもF高校の前を通るんです。その前を通るたびに母が私に、ここはあなたが将来行く学校よー、って耳元で囁《ささや》くんです。そのときの母の顔は、にこにこしていて、とても楽しそうで……。私、そのときの母のうれしそうな表情が忘れ……忘れられないです。校門から出てくる人たちも本当に楽しそうに見えて、そうか、私、将来この学校に行くんだー、と思ってたんです。私、何もわかってなかったから、根拠もなく行けるような気がしていて……。そう、なぜか根拠のない自信みたいなのがあったんです……。でも、やっぱり難しい……ですよね。」

私はこのとき初めて、彼女の本当の声を聞いた気がしました。

「……先生。私、先生の言う通り、F高校じゃなくて、T高校を受験します。S高校には行きたくないし、自分のためにがんばります。」

「それ、お母さんの前でもしっかり言える？　T高校の受験がんばるって。」

「ちゃんと言いますよ。S高校もM高校も行きたくないから、T高校でがんばるって言います。」

彼女はひとしきり泣いた後、そうやってT高校を受験することを宣言し、最後に丁寧にお辞儀をして家に帰っていきました。私はこのとき、彼女との話し合いの中で初めて得た成果を喜びました。しかし一方で、そんなにうまくいくだろうかと、心のどこかが片づかない思いでした。彼女の涙は本当だと思う一方で、ちょっと聞き分けがよすぎる展開のようにも感じていたのです。


次の日のことです。彼女が塾の教室に笑顔で入って来たとき、昨日のことが気になっていた私は、開口一番に尋ねました。

「市子さん、今日は願書締め切りだったよね。ちゃんとT高校で願書出してきた？」

「先生、私、やっぱりF高校受けます。がんばりますっ。」

まるで昨夜の話がなかったことのように笑顔でF高校を受験すると言う彼女に、私は、えっ、と一言発するのがやっとで、その場ではそれ以上何も言えませんでした。授業が終わった後、私は彼女に尋ねました。

「市子さん、なんでまたF高校にしたの？」

「やっぱり、最後まで諦めたくないんです。後悔したくないと思って。私、がんばりますっ!!」

潑溂《はつらつ》とした笑顔で答える彼女を見ながら、昨日、私の前で涙した女の子と、目の前にいるこの女の子は、本当に同じ子なのだろうかと私は頭を混乱させながら考えていました。市子さん、でも、S高校には行きたくないんでしょ、F高校に受からなかったら絶対に行きたくないはずのS高校に行くことになるんだよ、そうやって話を蒸し返しそうになりましたが、私はそれをやめました。こうして彼女は、わずか一日たらずで母との共同幻想の世界に戻ったのです。

彼女はなぜたったの一日で意志を元に戻したのか、私はその後しばらく考えました。考えているうちに思い出したのは、彼女が涙を流しながら「母の気持ちか私の気持ちかわからない」と話したことです。私が彼女に求めたことは、お母さんとの幻想から離れ、自分の意志を持ちなさい、ということでした。しかし、彼女にとっての意志が母親のそれと不可分である限り、母親から「あなたの行きたいという気持ちはどうなったの？」と問い直されれば、母親の意志を自分の意志として取り戻すことは容易だったはずです。私はこのとき、子どもの意志の脆弱《ぜいじゃく》さに思い当たりました。大人が子どもの意志をコントロールすることが、これほどたやすく行われるという事実に愕然《がくぜん》としました。そして同時に、私たちが「意志」と呼ぶものの正体はいったい何なのだろうと考えました。大人が「意志」や「目標」と呼ぶようなものも、大抵はいくつかの共同幻想を材料に練られたものにすぎないのかもしれません。だから、それに絶対的な価値や人生の意味を求めすぎることは、むしろ偏狭な生を呼び込んでしまうかもしれません。私は、母親とは別の意志を持ちなさいと彼女に求めました。でもそれは、意志を求めたという意味では母親と同じループの中で彼女に語りかけていたのであり、場合によってはそのループをむしろ強化しかねないことに気づく必要があったと感じています。

市子さんはそのままF高校を受験して不合格になり、塾を去ってゆきました。その数ヵ月後の初夏のある日、彼女のお母さんが泣きながら「S高校なんてみっともない学校に行って、市子が本当にかわいそうで……」と突然私に電話をかけてきたことがありました。私は「みっともない学校なんてとんでもないです」と言うので精いっぱいでしたが、それ以来、私はこの親子に会っていません。

私は市子さんに、生きるっていうのは、いい学校に行くとか、よい成績を取るとか、そんなことよりもっとずっとおもしろいことがあるんだよ、そんなことばっかり考えているから苦しくなるんだよ、そう教えてあげたかったです。でも私は、そんな簡単なことさえ最後まで彼女に伝えられませんでした。そのことを私はいまだに悔いています。

市子さんを通して私が学んだことは、親の欲望を子どもに背負わせるのは、子どもを不幸にするということです。このことを親が真剣に自分のこととして考えることができなければ、子どもはかわいそうですし、親自身もいつまでも救われません。一連の受験を通して市子さんが私に見せてくれたのは、いまにも不安で潰《つぶ》れてしまいそうなお母さんをなんとか守ろうと、自らの生存を賭けて期待通りの娘を演じ切ろうとする、あまりに無抵抗な十五歳の女の子の姿でした。

しかしながら、人生というのは何があるかわからないものです。何かをきっかけとして呪いが解かれたように、自分が抱えてきた重荷を、全てではなくても、その一部を下ろせるときがくることがあります。市子さん、そして彼女をかけがえのないたった一人の娘として大切にしていたお母さんが、いまごろは以前より楽に、肩肘張らずに生活できていたらいいなあと心から思うのです。

6 親は子どもの「好き」を殺してしまうかもしれない

「うちの子、好きなことがないんですよね。」「どうやって好きなことを見つけたらいいでしょうか。」

親子の面談の際にお母さん、お父さんからそんなふうに尋ねられることがたびたびあります。でも、「好きなことがない」ように見える子どもにも、もっと幼いころには、好きなことと、夢中になることがきっとあったんです。プラレールの上で列車の模型を前へ後ろへと動かしているうちに日が暮れてしまったかもしれないし、メルちゃんのお人形セットで大人がうんざりするほどいつまでも家族ごっこをやっていたかもしれません。子どもは誰もが自分だけの世界で自由に遊んでいた時代があり、そのころの子どもは、「好き」という言葉が不要なほどに好きなものに囲まれていたのだと思います。

でも、子どもの「好き」はいつの間にか、大人の企てに絡み取られていきます。

親は小さい子どもに「好き？」と尋ねるでしょう。あれがよくないのです。いつの間にか子どもは大人の「好き？」に応えようとする余りに、自分独自の「好き」を見失ってしまいます。

こうして、親は何の悪気もなく、いつの間にか子どもの「好き」を奪い取り、殺してしまいます。これは多かれ少なかれ、どの親もやってしまうことでしょうし、親のほうはそのつもりがなくても子どものほうが過剰に親の期待に応えようとしてしまうという意味では、親と子は共犯《グル》とも言えます。

「うちの子の好きなことが見つからない」そう感じている親御さんは、きっと子どもが好きなことに出会っていないだけと思っているのではないでしょうか。でも、実はそうではなくて、子どもはかつて好きなことに出会っていたのに、それをいつの間にか見失ってしまって、わからなくなっているんです。

だから、そうやって子どもの「好き」が満開になる前に小さく閉じてしまったことを知った上で、子どもの「好き」を再構築しアップデートしなければ、ほんとうの「好き」は芽生えません。「好き」を育てる意気込みが必要なんです。

でも、だからと言って好きなことが見つからない子に、これはどう？　じゃあこれは？

といろんなものを出してみたところで、子どもは幼いころから身につけた受動性のせいで、積極的に好きなものを見つけることよりも、いま大人の期待にどう応えるか、または大人の期待をどうやり過ごすかということに神経を使うばかりで、いっこうに好きなことに目が届きません。子どもはまたもや大人から「好き？」と尋ねられるたびに自分が試されているような気分になって、そのたびに好きなことからどんどんと遠ざかってしまうのです。

じゃあ、大人には何もできることはないのかと言えば、決してそうではありません。大人にできることがあるとすれば、子どもに「好き？」と尋ねることよりも、その子の視界に入る場所で、大人が勝手気ままに自分の好きなことをすることでしょうか。大人の楽しさをそのまま、子どもがたまたま見える範囲に置くのです。ただし、このとき無理には見せようとしないことです。むしろ、時には「子どもにはまだ早い」とその面白さを隠してしまってもいいでしょう。そうすれば、子どもはおのずと大人たちが楽しんでいることに興味を持つかもしれません。

もしくは、本人がいるところで、大人どうしでその子について話してみるのもいいでしょう。その子のことをよく知っている人たちが、「彼は何事もじっくり考えるタイプだからこれが好きそう」とか「彼女は手先が器用だから、○○をするの向いているかも」とかそんな話を、あえて本人を巻き込まずに、でも本人が聞こえる範囲の中でしてみるといいです。(このような方法は、精神看護学において「リフレクション」と呼ばれます。)このときに「お前、どうや？　好きか？　興味ある？」なんて無理に本人に話を振らないことです。そして、変に褒《ほ》めたりけなしたりしてはいけません。さらに、親はたびたび子どもを笑いのネタにしますが、それもやめてください。大人に見定められていると感じるだけで、子どもはとたんに下を向いてしまいます。

このとき、子どもは大人どうしの他愛のないやり取りを聞きながら、そうか、私は(僕は)そんなふうに見られているんだなー、と自分をひとつの対象として味わうことを知ります。そうしているうちに、「確かに、私はこれが好きかもしれない」といつの間にか自らの内側から欲望が芽生えることがあるのです。そのときに初めて彼らは受動性から離れ、自分の意志を実感します。そういう欲望が生まれる場所と機会を用意することくらいは、大人にもできるかもしれません。

「好き」は望んでできるものではなく、おのずと生まれるものですから期待はしないことです。子どもたちはいつか、生きるための「好き」をちゃんと見つけます。

7　なぜ偏差値の高い学校を目指すのか

良い大学に行けばそのあとに良い人生が待っている。そういった旧来型の考え方は、日本経済は成長し続けるという神話が崩壊した辺りからはほとんど力を持ちえないようになり、いまや親だけでなく、その子どもである中高生や大学生でさえ、学歴に絶対的価値を認めるのは少数派です。自分の人生は自分自身によっていかようにも選ぶことができる時代です。価値観が多様化する（というより、大きな価値観の喪失というべきかもしれませんが、）現在の日本社会において、旧態依然の「良い学校に行きなさい」という言葉は昔ほどの力を持ちえません。子どもに対していまだに「勉強しないと良い学校に行けないよ、そして良い職業がないよ」と言っている大人を見ると、私はどうも釈然としない気持ちになりますし、それを教育者が言っている場合には、ほとんど詐欺同然じゃないかとさえ感じます。

しかし、それとは裏腹に、幼児教育に始まり、小学受験、中学受験など、特に子どもの幼少時における学習熱、受験熱というのは、いまだに留まることを知りません。多様性のある豊かな人生を志向しているはずなのに、現実としてはいまだに皆が右に倣《なら》えで「良い学校」

に入ろうとするのです。これにはいくつかの事由があるはずですから、それがなぜか考えていきたいと思います。

まず第一に親は「子どもにできるだけのことをしてやりたい」と思うものです。教育産業はそういった親の心理に巧みに入り込みます。できるだけのことをしてやりたい親の心理を称揚し、やる必要のないことまで親にやらせてしまうのがこの業界の本質です。そしてその「できるだけ」が志向する先には、結局のところ、旧来の価値観である「良い学校」「良い会社」という存在があるものです。

二つ目に、身近に目覚ましい成功例が存在するという事実が挙げられるでしょう。一部の秀《ひい》でた子どもたちが、幼児期の英才教育をきっかけに、すくすくとその能力を引き出されて華々しい成果を収めると、それを見た周囲の親たちは、すごーいと感心します。そして、あの子は特別よね、と言いながらも、どこかで「うちの子も」と思ってしまうのです。親は「うちの子なんて」とすぐに人前で謙遜するわりに、実際のところは「きっとうちの子だって」と我が子の斜め上を見てしまうものです。そうやって自分の子どもを高く見積もりがちな親の心理こそ、教育産業の活性剤なのでしょう。英語など幼少期から始めると特別な効果が期待できる分野が存在するのは確かですが、そういった幼児教育によってその後の人生が一変するような劇的な覚醒を受ける子はほんの一握りであり、むしろそういった指導が子どもによっては逆効果になってしまうこともあるのです。（たとえば日本語と英語では、言語認識の回路が根本的に異なるので、幼少期に二つの回路の情報が同時に流れ込むことで、子どもの感情や事物の把握が不安定になる現象が見られることがあります。）このように、早期教育は子どもにとってプラスになるのか、むしろマイナスにはたらいてしまうのかわからない点がありますｏそれなのに、一握りの成功事例がやたらと盛んにもてはやされます。これは、「うちの子もできる」と思いたい親の心理につけ込む教育産業におけるひとつの商法ですから、親には消費者としての冷静な判断が求められます。

三つ目に挙げられるのは、今も昔も変わらず親は情報に流されやすいという事情から生じるものでしょう。親が子どもの学校を選ぶ基準は、実はとてもあやふやなものです。あやふやなままに過多な情報に接するから、選択は迷走します。A校は英語教育が充実しているわよ、B校はその点はちょっと物足りないけれど、進学率はA校よりちょっとだけいいのよね。いくらそんなことを話したところで、その学校が良いかどうかは子どもそれぞれの適性やめぐり合わせにもよるわけで、入学した後でないと実際のところはわからないものです。（当然ある程度調べれば、この学校はうちの子に合わないというような消去法的な選別は最低限できますし、それは必要なことですが。）

入ってみないとわからないし、その学年の先生や友人といった環境次第というのは当たり前のことなのですが、わからない不安に我慢ができない人たちは、より確かな指針を求めます。その指針が、結局いまのところ、日本の受験界が依存してきた難易度や偏差値ということになるのでしょう。

難易度や偏差値というのは、日本の受験界ではいまだにその学校の階級を表す指標として機能しています。偏差値が高ければそれだけ身分が高い、だからいい学校だ。これはすごくわかりやすい基準ですよね。いかに価値観が多様化しても、以前ほどの学歴社会ではないとしても、高い身分を求める性分というのはなかなか変わるものではありません。

先日の面談で、あるお父さんが中三の息子に言い聞かせていました。「確かに俺もいまどき良い学校に行けばいいとか、そんなことをお前に強要しないよ。でも、レベルの高い学校に行けば、良い先生や生徒もそこにはいる。だからお前にとってその学校に行くことは、ベストの選択かどうかはわからないけど、少なくともベターな選択なんだよ、わかるか。」

私は、このお父さんの言葉を聞いたときに、うんうんと思わず頷《うなず》きました。必ずしもベストではなくとも、少なくともベターな選択をしたい、それは私たち大人の心理として自然なものでしょう。だから、偏差値の高い学校を目指すこと自体には大した意味はなく、それが仮にバカげたことだとしても、そのことを受験生やその親といった受験の当事者たちに話をして意識改革を求めるのはそもそもの矛先が間違っていると言わざるをえません。現在の日本の受験構造が変わらない限り、親子がベターな選択を望む心理は今後も変わることはないでしょう。

でも、この構造は何とか変えていかなければならないものです。消費者主権という言葉がありますが、教育の世界にも同じような概念が持ち込まれるべきです。学校が生徒を選ぶのではなく、生徒に選ばれる学校を学校側の努力で作り上げる。そして、それができない学校は淘汰《とうた》されるような仕組みを。でなければ、この空疎なヒエラルキー構造による犠牲者はこれからも脈々と続いていくことになります。教育する側が教育される側を選ぶというのは、特別な事情がある場合を除いては基本的に間違ったことです。それは、国民が臣民として国家に従属して教育を受けていた古き時代の悪しき遺産であって、いまそれを平然とやってしまうのは、未来を担う子ども一人ひとりに対する責任を十分に果たしていないという意味で、教育する側の傲慢《ごうまん》というべきものです。

郵便はがき

料金受取人払

諏訪支店承認

2

差出有効期間
令和5年4月
30日迄有効

392-8790

〈受取人〉

長野県諏訪市四賀229－1
鳥影社編集室

愛読者係　行

ご住所	〒□□□-□□□□
(フリガナ) お名前	
お電話番号	(　　　)　　　-
ご職業・勤務先・学校名	
eメールアドレス	
お買い上げになった書店名	

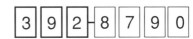

鳥影社愛読者カード

このカードは出版の参考にさせていただきますので、皆様のご意見・ご感想をお聞かせください。

書名	

① 本書を何でお知りになりましたか？

i．書店で
ii．広告で（　　　　　　　　　　）
iii．書評で（　　　　　　　　　　）
iv．人にすすめられて
v．DMで
vi．その他（　　　　　　　　　　）

② 本書・著者へご意見・感想などお聞かせ下さい。

③ 最近読んで、よかったと思う本を教えてください。

④ 現在、どんな作家に興味をおもちですか？

⑤ 現在、ご購読されている新聞・雑誌名

⑥ 今後、どのような本をお読みになりたいですか？

◇購入申込書◇

書名　　　　　　¥　　　　（　）部
書名　　　　　　¥　　　　（　）部
書名　　　　　　¥　　　　（　）部

8 小中学受験と親

小中学受験は、高校や大学の受験とは基本的性質が異なるものです。小中学校を受験した子どもの親はよく「うちの子が受験したいと言ったから」と言いますし、それが事実であることに疑いをはさむ余地はないのですが、しかし、この年齢くらいの子どもに果たして意志と呼ばれるようなものがあるのかと言えば、それは少し無理がありそうです。意志を持って選択するということは、自分自身の考えとそれに伴う結果に対して、自らにおいて責任を負うということと同義です。しかし、それを求めるのは、年長組の子たちはもちろん、小学生にとっても早すぎる気がするのです。他人の言うことそのままでなく、自分の意志で動きはじめる「自我の芽生え」と言われる時期は、十歳を過ぎたころからという子が多く、中学受験のころになれば、意志と言えるようなものを強く持っている子も多いのですが、しかし、自分で責任を負うということが物理的にも経験的にも難しい小学生ですから、親が主導の受験にならざるをえない側面は残ります。高校受験、大学受験に至っても、親の主導としか言いようのないような受験をする子が存在しますが、とりあえずその問題はいまは横に置いといて、子どもの心の発達という側面を考えると、小中学受験と高校受験以降とでは、その行為の主体が親であるか子どもであるかという点で区別があると言ってよいでしょう。（小中学受験の行為の主体が親であることは、例えば、小中学受験の親向けのガイド本や、ネット上で受験体験記を綴った親のブログが、高校・大学受験のそれにくらべていかに多いかということでも明らかです。小中学受験を子どもにさせる親は、その主体が子どもではなく、親にあることをごまかさずに明確にしておくべきです。極言すれば、現在の小中学受験というのは、親が安心を買うためのシステムですから。）

では、親が主体となる受験は悪いのかというと、必ずしもそうではありません。まず私が事実として注目したいのは、小中学受験をして合格を果たした子どもたちの多くが、受験して入学できたことを肯定的に捉え、支えてくれた親に感謝をしているということです。これは、私がたくさんの生徒と関わってきて、実感として知っていることです。その理由にはいくつかあって、まず、いま行っている学校に、なんだかんだ言って楽しんで通っているということが挙げられるでしょう。勉強が得意で知識欲が豊富な子というのは、それだけで頭の中に遊び道具がたくさん詰まっているようなもので、彼らと会話するのはすごく刺激的でおもしろいことです。受験をして入った学校で、そういった友だちに出会い、楽しい学校生活を送っている子たちがたくさんいます。子どもというのは、知識をユーモアに変える才能という点では大人より数段優れたものを持っています。そんな子どもどうしが自由に会話して、楽しくないわけがありません。これは、志望校に合格を果たした子どもたちが、進学先の良さを実感する大きな理由のひとつです。

二つ目の理由としては、（これはあまり口外されないのですが、）レベルの高い（身分の高い）学校に行っているというだけで、安心感と優越感が得られることが挙げられます。レベルの高い学校に行っている生徒の多くは、それだけで自分の学校に誇りを持っていますから、その学校に行っていること自体が自身を肯定する材料となり、子どもたちに安心感を与えるのです。しかしながら、そういった優秀と言われる子どもたちの一部が、自分が属するヒエラルキー構造を疑うことなく、人を見下すことで優越感を得る傾向があることについては見逃すことができません。彼らは、受験を通して得たエリート意識がいかに自分の視野と可能性を狭めているかについては、全く知る由もありません。だから、このような同質の価値観を持った子が集まる環境に子どもを入れるならば、勉強ができるか否かや、お金がかかる学校に行くかどうかは、人間の価値を決めるものではなく、その本質とは関係がないことを、日ごろから子どもたちに伝えておくべきです。

また、同じ価値観を持った家庭の子が多い環境で育てたほうが安心という親心があるのは理解できますが、一方で、自分と全く異質な人がいることを子ども時代に知るのは大事なことです。公立校にはいろんな子がいて、だからこそ広い世界を知り、自分のさまざまな可能性の幅が広がるということもあるでしょう。（そのような観点から、近年は都市部を中心に「公立回帰」の動きがあることは、見逃せない動向です。）とは言っても、むしろ均一な価値観の中にいたほうが安定する子も確かにいますし、それが悪いこと、劣っているということでは決してありませんから、どの環境のほうがこの子は勝手に育つのかということに親は知恵をしぼってあげたらよいでしょう。

では、小中学受験というものに問題があるとすれば、その受験を通して親が子どもを抑圧する構造ができやすい点に尽きます。受験という場は、親が「この子のために」という名目のもと、子どもに強制力を発揮しやすいのです。つまり、親が子どもに「○○校を受験するあなたを愛しますよ」というメッセージを直接的、間接的に与えることで、子どもが自ら進んで「○○校を受験する」と言うのを待ち、その子どもの言葉を拠り所にして、親が自分の満たされざる欲望を叶える、そういう見えざる制御と操縦の機会になりがちなのです。子どもが「受験をする」と宣言した後も親の責めは続きます。「そんなに塾の宿題ができないなら受験なんかやめてしまえばいいじゃないの！」そう子どもにきつい言葉を投げかける親の頭からは、その受験の真の主導者が自分であるという意識がすっかり失われています。そして、そうなると子どもが「受験する」と宣言した背後にある、親の愛情を必死にたぐり寄せようとする幼い脆弱な魂は、決して振り返られることはありません。このように、子どもの自我が未成熟な時期の小中学受験においては、子どもは親の強制力をほとんど無抵抗に浴びてしまいます。その強制力が親子間の愛情を逆手に取ったものだけに、子どもに与える影響は深刻です。親による抑圧を受けたことによって生じた子どもの心の歪みは、必ずやその後の人生のどこかで形を変えて現れ、それによって子どもは苦しめられます。これはいままでにたくさんの親が子どもに対して繰り返し犯してきた失敗です。だから、この文章に出会った方には、そのことを心に留めておいていただきたいのです。

親子で小中学受験を迎えるときには、親にもそれなりの気構えが必要です。この時期の子どもの意志はあってないようなものですから、それを受験の大義にしないでください。それよりも、子どもの適性を見極めることに努めてください。そして、その適性を生かすことができる場を見つけたのなら、ぜひ受験にチャレンジさせてください。でも、もしやらせてみて子どもの適性に合わないと感じたら、無理に続けさせないでください。子どもが自由に遊ぶ時間を削ってまで合格を目指すことにどんな意味があるのかということを、親自身が真剣に考えた上で受験を勧めてください。皆さんの小中学受験が、親と子の心を通わせる大切な機会になることを心から願っています。

9　葛藤との向き合い方

いまは小中学受験にしぼってお話をしましたが、受験にかかわらず、習い事や将来の進路など、子どもの進むべき道について、子ども以上に親が悩む場面はどこの家庭でも見られることです。家庭にはそれぞれの事情や考えがありますから、状況を見ながらその都度、よりよい選択をしていくのが、自然な在り方と言えましょう。

ただし、自然な在り方というのはなかなか難しいものです。親は子どものためを思い、子どもの成長が見込まれると同時に、子どもの心身の安定が担保される場所を求めて進路を精査します。その過程における親の真剣な思いは尊く、子どもにとってもそれは必要なことです。でも、そうやって子どもを翻弄する世間の波のようなものを見極め、それから子どもを守ろうとすればするほどに、自分自身が世間の運動に取り込まれてしまうのです。そして結果、その運動から自分を守るのに必死になり、そうなると、もはや子どもを守ろうとしているのか、それとも自分を守ろうとしているのかわからなくなってしまいます。そうしているうちに思考が翻《ひるがえ》って、そもそも私は初めから、子どもを守るためというより、自分自身を守りたかったのだ、そう気づいて、無自覚だった自らの業の深さをつくづくと思い知らされ、身動きが取れなくなることもあるでしょう。子どもよりも自分がかわいい。そんなことはある意味であたりまえのことなのに、なぜ私たちはこんなにも苦しくなるのでしょうか。子どもを守り育てるというのは、それが真剣であればあるほど、とても苦しいものです。

いかに子どものことを愛していても、子どもより自分を優先させようとする利己的な心は、どうしても働いてしまいます。でも、子どもを愛する心と、自分を優先させてしまう心、この二つの心はどちらか一方が本当ではなく、それらはいつも共存（並立）関係にあります。このような矛盾のように思える二つの心象のどちらかだけを真だと捉えることなく、どちらも私自身だ、矛盾そのものを抱えているのが私なのだと知り得ることは、必要以上に自分を責め苦しめないようにするための認識の方法として、とても重要です。

10 受験直前の子どもとの付き合い方

受験直前になって子どもがピリピリとしているときに、「私はどうしたらいいの」と右往左往してしまう、そういう親御さんは多いことでしょう。私が日ごろ教室で見ているのは、主に高校や大学の入試を控えた受験生ですが、受験直前になると、私はお母さんたちから「私は子どものために何をしてあげたらいいのですか？」と毎年きまって尋ねられます。でもそういうときに、お母さんたちが安心できる納得の答えを用意することは至難の業です。

あまりにそう尋ねられるので、私はこれまでたくさんの受験生たちに、「受験直前の親にどうしてほしい？　何をしてほしい？」と質問してきました。お母さんたちがちゃんと安心するような答えが欲しくて、たくさんの子どもたちにそれを尋ねてきたのです。すると、圧倒的に多い回答が「何もしないでほしい」「ほっといてほしい」「とにかく黙っていてほしい」というものなのです。まさに、親の心子知らず。何かしてあげたい、そう思い詰めて、居ても立ってても居られない親がすぐそばにいるのに、子どもはいとも簡単にそんなつれないことを言ってのけます。でも、こんなふうに答える子どもを持った親は、せつない気持ちは心に押しとどめた上で、ひとまず安心していいんです。その子はちゃんと親の絆《ほだし》から離れ、自分の力で立とうとしているのですから。しかし、次に多いのは「時には勉強しろと叱ってほしい」という回答です。こんなふうに答える子どもたちの心理は少し複雑で、一つ目のパターンとしては、これまでずっと長い間、親に言われるという動機づけがあってこその勉強だったために、いまさら「勉強しろ」と言われなくなるのは不安だという依存タイプです。この場合、親は子どもに構いすぎたことについて、ちょっと考えなければならないでしょう。そして、これは稀ですが、二つ目のパターンとしては、時には勉強しろくらい言ってもいいよ、じゃないと心配になるから、となぜか親の斜め上から優しいまなざしを向けている場合もあります。これは全く心配いりません（笑）。

受験直前に子どもとどう接したらいいか。その答えとしては、親は子に何もできないことをちゃんと認めて自然に接する、ということです。受験直前だから適切な距離感が必要だなんて考えずに、子どもの様子を見ながら、必要と思えば近づき、必要ないと思えば放っておけばいいのです。受験の結果にかかわらず、私はあなたの味方だから、でも、あなたの努力の結果はあなた自身がしっかり受け止めなさい、そういう気持ちを間接的にでも、子どもに伝えようとしてください。親や家族が見守って応援してくれていることを感じることさえできれば、子どもはしっかり前を向いて受験会場に向かうでしょう。

しかしここでもうひとつ、「いや、そういうことじゃなくて、受験前なのに、うちの子全くピリピリしてないんですけどー、いったいどうしたらいいんですかー⁉」という叫びに近い親御さんの声が聞こえてきます。受験直前になってもピリピリしない子どもは、私もたくさん見てきましたから、それに対して不安を抱く親の気持ちは痛いほどわかるつもりです。でも、受験直前でもピリピリしない、または勉強をあんまりしない、そういう子に対しては、残念ながらもう何を言っても難しいところがあります。いま、その子に受験直前特有の緊張感がないのは、その子のやる気のせいというよりは、これまでに培われたその子の習性（生活習慣や考え方）によるところが大きく、そういったいったん染みついてしまったものを急に変えようとしても、なかなかうまくいかないものです。だから基本的には、この子はこういうふうに育ったのね、ふむふむ、といった具合に、その習性を見守るしかありません。でも、だからと言って、親が自分の叫びを無理に抑えつけすぎる必要はありません。「なんであんたいつまでもそんなななのー！」とか「あんた私が何のために一所懸命に働いて、高い金払って塾にやっていると思ってるのー！」とか、そういった心の叫び、むき出しの感情のようなものを子どもにぶちまけることは、時には必要です。それによって初めて伝わることもありますから。だから、自分の不安を抑えつけることはせずに、心のままに接するというのは、ある程度必要なことです。でも、親がいつも懐に携えておきたいのは、そういった怒りのエネルギー源となっている子どもの将来を憂える不安というのは、実はいつでも現在の自分自身に対する不安に基づいているんだということです。自分自身に不安がなくて、もう少し余裕をもって考えることができれば、本当は子どもにそんなに当たらずに済むはずだ。そのことを心のどこかに携えていれば、子どもにいつでも一方的に感情的な言葉を浴びせることにはならないし、子どもにもっと心を寄せることができるはずです。

不安というと、どうしてもネガティブな感情が先立ってしまいますが、でも不安は私たちが生きていく上で大切なエッセンスでもあるのです。その不安に対し、投げやりになることなく、悩み続けることができる力こそ、私たち大人に求められているものなのかもしれません。

第3章

苦しむ子どもたちと、そのとき大人ができること

1 学力と差別の問題

低学力の子どもたちに対して、大人たちは「将来困るから、がんばりなさい」とはっぱをかけるようなことを言います。しかしながら、低学力の子どもたちにとって一番深刻な問題は、将来ではなく、たったいま、学校や塾などで差別的に扱われているという問題です。彼らは将来を待たずして、すでにいま困っているのです。これは、本人やその親といった当事者側がなかなか口にできない問題なので可視化されにくいのですが、この問題を扱わない限り、低学力の問題にアプローチしたことにならない、それくらい根本的な課題です。このことを見過ごしている教育者は、子ども一人ひとりについて、深く寄り添って考えてみたことがない人なのだと思います。

低学力の子どもたちの多くは、友人とのコミュニケーションがうまくいかない経験を持っています。彼らとのコミュニケーションに違和を感じた周りの友人たちは、彼らを特別扱いし始めます。その結果、男の子の場合は「いじられキャラ」になることが多く、女の子の場合は、グループからはじかれ孤立しやすい傾向にあります。いじられるのも、グループからはじかれるのも、つまりはいじめの一形態です。（ちなみに、「空気が読めない」芸人をいじることで笑いをとるバラエティー番組は、愛のあるいじりはいじめではない、という誤った認識を子どもたちに与えているという意味で悪質です。いじりは本人が嫌がっているかどうかにかかわらず、それが特殊なヒエラルキーに依存しているという意味ではいじめと同じです。女の子がグループをつくって別の子たちを排除する問題についても、いじめと同じだという認識を子どもたちに持たせることが必要です。子どもたちが学ぶ「道徳」は、「空気を読む」協調性ではなく、むしろそのような協調性を謳《うた》う共同体が、いかにして他人を差別し排除するかという構造であるべきなのです。）彼らはこうしてすでに差別的扱いを受けて困っているのに、手を差し伸べてくれる友人や、そのことを理解して陰ながらサポートしてくれる大人がおらず、寂しい思いをしています。

低学力の子どもたちは、いま述べたコミュニケーションの問題以前に、単に勉強ができないというその事実だけで、すでに友人たちから差別的に扱われています。勉強ができない子に対する心ないからかいは、大人の想像以上にその子たちの自尊心を傷つけています。しかし、彼らが学校や塾で勉強ができないことに対して引け目を感じ、萎縮しているのは、大人たちがつくった勉強ができるのは偉いという階層構造のせいであり、彼らはその犠牲者なのです。ですから、彼らに接する大人たちは、その構造を突破するような力強さで彼らをその枠組みから解き放ち、その上で対話をしなければ、こわばった彼らの心はなかなか前を向くことはありません。

勉強ができずに下を向いている子どもたちに「勉強しなさい！」と言うのは、かけっこで死力を尽くして走るビリの子に対して「もっと速く走りなさいよ！」と責め立てるのと同じことなのに、なぜか勉強のこととなると、その残酷さに誰も気づかなくなるのが怖ろしいところです。勉強ができない子どもに対して世の中がどんな仕打ちをしているのか、その結果、子どもたちがどれだけ苦しんでいるのか、それをいつも考えずにはいられない。そんな大人が増えるだけで、きっとたくさんの子どもたちが救われるはずです。

2　身近になった障害

かつて「ちょっと変わった子」「落ち着きがない」「計算だけ特別に苦手」「文字を書くのに時間がかかる」と言われていた子たちが、いまではすぐに「発達障害児」として扱われる時代になりました。文科省の調査によると、全国の公立小中学校で通級指導（比較的軽い障害がある児童・生徒が、特別支援学校や特別支援学級ではなく通常学級に在籍しながら、各教科の補充指導などを別室で受ける制度―毎日新聞の記事より）を受ける生徒の数は、一九九三年度から二〇二〇年度の間に約一〇・九倍に増えており、「比較的軽い障害」を持つ子どもが著しく増えたことがわかります。この原因としては、第一に、認知される疾病《しっぺい》の種類が増加したことが挙げられます。例えば二〇一九年に、ネットゲームに極度に依存する「ゲーム障害」が世界保健機関（WHO）の国際疾病分類（ICD）に加えられたように、いままで単に「やや極端な傾向がある」と考えられてきたものが、ある日から疾病として扱われるようになるのは、とどまることのない世界的な流れです。第二には、発達障害に対する社会的認知が広まり、学校現場での理解が進んだことが理由として挙げられるでしょう。最近の学校の先生たちは、平均値から大きく外れたなんらかの傾向を持つ子どもを見つけると、簡単に「一度診てもらったらどうでしょうか」と親に勧めますし、かつては自分の子が発達障害児であることを認めたがらなかった親のほうも、いまでは子どもが発達障害であるという診断をもらうことで、自分がいままで育児に手を焼いていた原因がわかり、むしろほっとしたという感想を漏らす場合も少なくありません。

このようにして、子どもの問題行動の原因がわかることで、親の子どもへの理解が進むことは、子どもの持って生まれた個性を親がありのままに受け入れるという意味で重要です。子どもが発達障害だと診断された後に、自分がどれだけ子どもに無理強いをしてきたか、どれだけ叱りつけて心を痛めつけてきたかを自省し、涙を流したお母さんを私は知っています。また、別のお父さんは、病院での診断をきっかけに子どものどこに「苦手」があるかがわかり、家庭学習の効果的な進め方を知りえたことに感謝していました。子どもを深く理解するために、このような診断は大変有効な場合が多いのです。

ところが、発達障害の認知の広まりが、全て子どもの幸福につながっているかといえばかなり疑わしいところがあります。「比較的軽い障害」とされた子どもの増加が意味することは、同程度の障害であっても、ある子は障害児とされ、ある子は障害児とされないという、障害の任意性が高まったということであり、ある程度、大人の都合で子の障害を選べる時代になったということです。その結果、親の子育ての失点を子の障害が肩代わりするという事態が起こりはじめています。例えば、ある子が最近塞ぎ込んでいる原因のほとんどが、親との関係がこじれているところにあるのに、親はそれを「うちの子には障害があるから塞ぎ込んでいるのだ」と、いまの親子の関係に目をつぶったまま、子どもと向き合うことをせずに、障害児という理由づけを得るために子どもを病院に連れていく場合です。そうやって、子どもに障害児という烙印を押すことで、自分の落ち度を見ずに済まそうとするわけです。

　これを読んで、なんとおぞましい、そう感じる方もいるでしょう。しかしながら、人間というのは、これくらいのことは、誰だっていとも簡単にやってしまうのです。それくらい、自分自身の暗部を見るのは怖いことだし、見ないようにするためには、愛する子どもを傷つけるのも厭わないのが人間としての親の本性です。誰だってやってしまうことだからこそ、ちゃんと見つめる必要があるのです。その意味で、この文章は親を告発していますが、だからといって断罪しているわけではありません。人間というのは、それくらい残酷な生き物だという認識がなければ、親はいつまでも子どもを本当に見つめることなんてできやしません。

これから先の時代にますます進行していくと予想されるのは「総スペクトラム化社会」です。かつての親たちは、障害を健常の対極にある一種の狂気のようなものと捉え、それを忌み嫌っていました。しかし、親たちはいま、どの子どもにもそれぞれ得意と苦手があること、そして苦手なことについては、ある閾値《いきち》を超えた場合には発達障害とみなされること、そういった共通認識を持ちはじめています。つまり、障害は健常の彼岸にあるものではなく、グラデーションの海を漂う不完全な私たちの個性の延長線上に捉えられようとしているのです。このような、健常と障害の境が不明瞭になる総スペクトラム化という新しい事態は、親子関係に深い混迷をもたらす懸念がないわけではありません。しかし、親が子どもに対して、さらに自分自身に対して不完全でたよりないものを見出すときには、改めて家族で支え合い、いたわり合う意味が再構築されるはずです。皆がスペクトラム化する社会だからこそ、これから家族という枠組みがますます重要になってくるのです。

3 「勉強ができない」と下を向かなくてもいい

「でも、僕、わかってますよ。僕は兄ちゃんより勉強ができないんです。」

授業の後、ひとりで私の目の前に座っていた精一《せいいち》くんはそう言いました。彼はこのときとても寂しそうな顔をしていました。彼が自分の口で「僕は勉強ができない」と言ったのは初めてのことだったので、私はおやっと思いました。

「お母さんとかいつも、お前が勉強できないのは、兄ちゃんよりやってないからだって言うんですけど。確かに兄ちゃんは勉強してるし、そういうところもあるかもしれないと思うんですけど……。」

そういうところもあるかもしれない、でもなんか違うんだよな……。精一くんはそこで立ち止まりました。

「うん、でも誰だって自分が苦手だと思っていることはやりたくない。だって楽しくないし、問題がわからなくなると、そのたびに自分がまるでダメって言われているような気持ちになる。それは辛いよね。精一くんが自分でもお兄ちゃんより勉強ができないと思っているなら、そのせいでやりたくなくなるのは仕方のないことだと思うよ。そして、やりたくなくなる精一くんは、別にダメな人じゃないんだよ。」

精一くんは、小学校時代にディスグラフィア（書字障害）と診断されたことがある子でした。彼は、こうして一対一で話していると、大人顔負けの分析力を発揮することがある一方で、文字を書くことがとても苦手なせいで、漢字を覚えること、英単語を覚えて正確に書くこと、そういった学習は彼にとってまさに苦行でした。考えてみれば、学校や塾のテストの評価は、文字によるアウトプットができるかどうかという点にあまりにも依存しています。ですから、彼の持つ聡明な分析力が、日ごろの膨大なペーパーテストに生かされることはほとんどありませんでした。

私たち大人はきっと、勉強が苦手だと思っている子どもに対して、安易に勉強を押しつけすぎなのでしょう。本人が苦手だと思っていることをやらせ、それがうまくいかないことを何度も繰り返させるのは、彼らの心の大切な部分を傷つけます。大人は子どもに自尊心が大切だと言っておきながら、その大切なはずの自尊感情を幾重にも傷つけることを平気でやってしまいます。そして、傷つけられた子どもたちが自暴自棄になってとんでもないことをやらかすと、それは全て子どもたちのせいになってしまいます。でも、そんなときに、種を撒《ま》いた大人の行為が精査されることはほとんどありません。
苦手なことはやりたくない。例えば、運動ができないと思っている子が体育の授業で積極性を発揮できない場面、そういう仕事は私にはムリと、自分に向いていない仕事を遠ざけようとする職場。わざわざそういった例を挙げるまでもなく、私たち大人は、苦手なことはやりたくない、苦手なことを無理にやってもろくなことにならないということを知っています。それなのに、子どもにはなぜそれを押しつけてしまうのかということについて、初めから検討し直す必要があるのではないでしょうか。

この日、こうして彼と向き合って話すことになったのは、数日前に彼のお母さんから電話をもらったからでした。中三の秋になり、受験まで残り数ヵ月しかないのに、精一には相変わらず勉強に対する積極性が全く見えない、だから先生、本人に勉強をするように厳しく言ってください。そういうお母さんからのリクエストがあったからです。もともとお母さんは、彼の状況をよく理解している方です。ですから、彼が語彙を覚えること、ペーパーテストで点数をとることについて、不利な性質を持っているという理解を共有しながら、そのことを前提にした指導をいっしょに考えてきたつもりでした。しかし、電話をしてきた日のお母さんの声は普段より少しこわばったものでした。いよいよ受験が迫り、どの高校に進学できるのかという現実問題が頭をもたげたとき、相変わらずたよりない彼を見て、お母さんは居ても立っても居られない気持ちになったのでしょう。これまで、ゆっくり丁寧にやってきましょう、そう何度も話してきたお母さんの口から「いつまでも甘えてばかりいて」「こんなに成績が伸びないなんて」そんな言葉が飛び出したことに私は少し驚くとともに、そう言わずにはいられなくなったお母さんの苦悩について考えました。

「精一くんはいま勉強ができないって言ったけど、それはちょっと違うんだよ。先生はいま、精一くんと話していて感じている。精一くんはいま、先生の言ったことをしっかり理解しているし、しかもちゃんとそれについて考えた上で、自分なりの興味深い意見を発しようとしている。話しているとこんなに楽しい精一くんが、勉強ができない、本当はそんなはずないんだよ。あのね、精一くんは、勉強ができないんじゃなくて、たくさんある勉強のやり方の中で、たまたま学校や塾でやれと言われているやり方が、いまのところちょっと精一くんに合っていないだけなんだよ。正解を全部文字で書き表すような、学校や塾でやっている勉強は全て正しいように見えちゃうけど、とんでもない、そんなことはない。それは、無数にある勉強のやり方の中の一つ二つをなぞっているに過ぎないんだから。これ、精一くんを慰めるために言ってるんじゃないからね。先生は本気で、精一くんが得意なこと、得意なやり方がちゃんと存在しているってことを知っているから言ってるんだよ。それが学校や塾のやり方では見えないだけ。」

「でも、だからと言って、学校や塾の勉強を何もやらなくていいという話をしているわけじゃない。精一くんは一年のときよりずっと書くのが上手になった。これは、明らかに訓練の成果だよ。この成果だけ見ても、間違いなくいままでやってきたことには意味がある。そうでしょう。でも、それでも丁寧に書くのには時間がかかる。その点は確かに精一くんはお兄ちゃんよりいまのところ不利かもしれない。でもね、それは精一くんの価値には何の影響もないからね。精一くんの価値は、先生が百パーセント保証するから。だから、自分が苦手なところを知った上で、でもこれなら自分でもできるということを見つけていくのが、これからの精一くんの仕事なんだよ。」

この日、精一くんが「僕は兄ちゃんより勉強ができないんです」と言ったことがあまりに思いがけないことだったので、私はついしゃべりすぎてしまったのですが、その日、精一くんはとても穏やかな優しい表情で帰っていったんです。「なんか、元気になりました。」彼は笑いながらそう言って、教室を出ていきました。

その日の「兄ちゃんより勉強ができない」という精一くんの言葉は、単に「勉強ができない」悩みというだけでなく、「兄ちゃんより勉強ができない僕は、兄ちゃんよりも親に愛される資格がない」という響きを含むものに感じられました。本人自身はきっとそのことに無自覚なのでしょうが、彼は確かにそのせいで不安を抱えているように見えたのです。

このように、「勉強ができない」という子どもの劣等感は、そのまま「だから、親に愛されない」という不安に直結することがあります。親は、子どもがそういう感情に苛まれがちであることを念頭に、誰それと子どもをいたずらに比較することなく、子どもの苦手自体と根気強く付き合っていかなければなりません。

「勉強ができない」と下を向かなくてもいい。このことを勉強が苦手な子どもに伝えるのは、甘やかしでもなんでもなく、子どもが親とちゃんと心で結ばれるために必要なことです。

4 LD(学習障害)の子どもの将来

精一くんのお母さんとお父さんが塾に相談に来たのは、その二日後のことでした。本人を交えずに話をしたいという家庭側の意向に合わせて、私と精一くんの両親の三人で話すことになりました。お母さんだけでなく、お父さんも、とても若々しく快活な印象のお二人です。

「この前、学校で面談がありまして。このままだと志望する高校には全然届かないと言われて。それなのにうちの子、家では全然勉強しなくて。しかも最近はすごく反発するようになったんです。模試の結果が返って来ても見せないし……。もうやらないなら意味がないから、塾を辞めさせることも考えています。本人は続けたいって言っていますけれど。」

お母さんは、精一くんの現状を一つひとつ確かめるように話しました。お母さんはきっといろんな感情を抑えながら、丁寧に話そうとしているのだろうと感じました。でも一方で、家庭で精一くんと話すときには焦りの感情が噴き出してしまっているかもしれないなと考えながら、「塾を辞めさせるわよ!」と怒るお母さんと、それに抵抗する精一くんを頭の隅で思い浮かべました。

「塾を辞めさせたあとの展望のようなものはありますか？」

「いいえ、そういうわけではなく。本当にどうしようかと……。」

「いや、もうね、本人の好きにやらせたらいいんじゃない。」

お父さんが初めて口を開きました。

「ほら、あいつ文字の障害があるでしょ。勉強が向いてないんだったら、無理に塾に行かせる必要はないかなって。先生だったら知ってるでしょ。イザナギとイザナミの最初の子はヒルコ、蛭子様《エビス》ですよ。あれ、障害児ですよね。桃太郎だって一寸法師だって、あれ、私から言わせればみんな障害児のメタファーですよ。何が言いたいかって、もうあいつは持って生まれたものがあるから、勉強は諦めさせて冒険でもさせようかな、と。ははは。」

「ちょっと、あなたふざけないで。」

お母さんがたまらず口をはさみますが、私はそのとき、お父さんが言っていることはただならぬことと感じたのです。

「いや、お父さんの言われる通り、確かにその子に合うことをやらせたほうが、私もいいと思います。実は数日前に、彼とそれに近いこともお話をしたんです。と言っても、いままでの精一くんの努力を否定しているわけじゃありません。実際、彼はこの二年半で随分できることが増えました。でも、彼のもっと得意なところを伸ばしてあげられたらいいのにということをいつも考えます。お父さまがいまおっしゃったように、昔は障害のある人は神性が宿ると考えられることもあって、それこそ神さまとして崇《あが》められたり、琵琶法師のように特別な力を発揮したりしていますよね。ホメロスだって宮城道雄だって盲目で、スティーブン・スピルバーグ監督は自身がディスレクシア（読字障害）であることを数年前に公表しました。もし精一くんにディスグラフィアの傾向があるとすれば、代わりにどこか特別な力があると考えても無理はありませんから。」

　お父さんは私の話を頷きながら黙って聞いていました。私が話し終わるとお父さんは伏せ気味だった目をかっと見開き、背筋を伸ばして私の顔を真っ直ぐに見据えて話しはじめました。

「先生、精一に本当にそんな特別な力があると思って言ってますか。私も同じようなことを考えたこともありましたけど、それはほとんど欺瞞《ぎまん》ですよ。その証拠にいま先生は、障害に可能性を見出すふりをして、実際には、障害の正常化を試みるようなことを言った。だから欺瞞なんです。障害に可能性なんてあるでしょうか。昔、乙武さん（乙武洋匡《おとたけひろただ》。著書に『五体不満足』他）が、『障害は不便です、でも、不幸ではありません』とか言っていましたけれど、障害は不幸ですよ。精一くらいの障害だと、障害年金はまず受給できません。さあ仕事をしようかということになっても、彼のいまの状況では、短時間雇用とか非正規雇用になるのが関の山です。その結果、彼の元に残るのは生活保護以下のお金ですよ。子どもが幼いときは、牧歌的に可能性を見てみるのもいいかもしれません。家にお金がたくさんある子どもだって、それでいいかもしれません。でも、うちはそうじゃありません。中三になって、うちの子もいよいよですよ。とうとう現実と闘わなければならない時期に至ったんです。」

私はこのとき胸をつかれるような思いでした。お父さんは、子どもについて、障害について、この日までにきっとあらゆる逡巡を繰り返してきたのです。その言葉一つひとつには、考えてきた人としての意味があり、重みがありました。私はもはや、語る言葉を失っていました。

「……そうですね。私たちは、そのために、彼が現実と闘うときに、少しでもいい試合ができるように、そう思ってこれまで指導してきました。」

「先生方はうちの子をちゃんと見てきてくれたと思います。でも、現実として成績が伸びると皆が口を揃えて言うこの塾で、うちの子は伸びていない。先生がおっしゃるように、精一はできることが増えたかもしれない。でもそれが全く成績に反映されない。その事実こそがこの子の未来を暗示しています。朧気《おぼろげ》だったことがはっきりと見えてきて、私たちは焦っているのだろうと思います。本人への当たりもきつくなっているでしょう。」

お父さんの話を聞きながら、お母さんは隣で泣いていました。

「……お父さま、本当によく考えていらっしゃるから、私からお話しできることはあまりないのですが、まず、精一くんがいままで挫《くじ》けることなく、卑屈になることもなく、前を向いて勉強を続けることができたのは、お母さま、お父さまの継続した励ましがあったからこそです。実際、自分が苦手なことをこれだけやってきたというのは凄いことです。彼と勉強をいっしょにやってきて、これまでに楽しいことがたくさんありました。それから、精一くんの将来についてですが、もしかしたら、それこそ牧歌的、楽観的すぎると思われるかもしれませんが……。私は、精一くんの将来を、それほどは悲観していません。確かに精一くんはお兄さんより不器用な面があるし、だから就業するときに、不利になる局面はあると思います。でも、LD（学習障害）と診断されていない子の中にも、例えば、人と話をするときに極度に緊張してしまう子がいたり、予定が急に変更になると頭の中が混乱して身動きが取れなくなる子がいたり、みんなそれぞれが自分自身のハンディに戸惑いながらも、生きのびていくために日々格闘しています。そういった意味では、彼のハンディは特別なものではないと私は考えます。一方で、精一くんはきっと年上の人たちに可愛がられます。うちの教室の先生たちも、みんな精一くんが好きです。一途でひたむきだから、きっと今後はますますその部分を評価してもらえると思います。だから、彼が評価してもらえる場所に行ったときに困らないようなお手伝いを、ご希望をいただければ今後も続けていこうと思います。進路についても、ちゃんと彼が楽しみながら自分の力を伸ばせる場所はきっとありますから、これから数ヵ月でいっしょに考えていけたらと思います。きっと大丈夫ですから。」

その後も精一くんは塾に通い続け、当初の志望校ではないものの、無事に近くの私立高校に合格し、そこに進学しました。高校でも塾に通い続けた彼は、苦手だった文字の筆記、特に漢字の筆記については、標準の成績を持つ生徒たちと並ぶほどになりました。高校になると漢字を熱心に勉強する子は少ないですから、そのころになってようやく彼は皆に追いついたわけです。いま、近くの酒屋さんでアルバイトをしている彼は、ときどき教室に「先生、お元気ですかー?」と嬉しそうな顔をして会いに来てくれます。

彼が高校を卒業して塾を離れる最後のとき、お母さんが私に伝えてくれました。

「私と主人は、先生が精一に第三者の立場で、公正に、しかも彼に伝わる言葉で、彼が置かれている現状について直接説明してくださったことがとても大きかったと、いまになって思っています。精一が苦手としているところ、障害のある部分についても、彼の心を傷つけない最大限の配慮で、彼に話してくださったでしょう。精一はそのことで先生から勇気をもらえたんです。自分を卑下しなくていいということを知ったんです。彼にとって、それが一番大切なことでした。私たちも、逆に精一のポジティブさから学びましたし、救われました。

本当にありがとうございました。」

ＬＤなどの障害のある子を支えるために周りの大人ができることは、その子に同情することでもいたわりの言葉をかけることでもなく、ただ、その子をそのままに見て、その子にとって必要なことを、そばでいっしょに考えてあげる。そして、困ったときに、あなたはここに戻ってくればいいんだよ、という場を提供してあげる。このことに尽きます。お父さんが鋭く看破した、ＬＤなどの障害を持つ子どもたちの将来の貧困の問題。これについては、私たちが個別に悩んでもすぐに行き詰まってしまう大きな課題です。障害という言葉が示す範囲が大きく拡がったのに対して、それをサポートするためのルールや制度は全く追いついていないのが現実です。まずは私たちが問題意識を共有し、彼らを社会で支える仕組みを構築するために知恵を出し合っていかなければなりません。

5　発達障害の子どもと夫婦の問題

最近は、自閉症の傾向があると診断されている生徒の指導をする機会が多くなりました。ただ、ひと口で自閉症と言っても、それぞれが十人十色で、全く性質の異なる子どもたちです。

「風邪ぎみ」という言葉がありますが、ASD（自閉症スペクトラム）にしても、ADHD（注意欠如・多動性障害）にしても、健常と病態との境界はあいまいで、「自閉症ぎみ」「ADHDぎみ」という感じが多いのが実際のところだと思います。私たちの住む世界のあらゆる要素は、白でも黒でもなくグレーの海の中に漂っています。障害に関しても、多くの人たちがグレーゾーンと呼ばれる領域で苦しんでいるのでしょう。わたしがこれまでに接したのは、そういった「軽度の○○」と診断されるような、またはそのように親から認識されている子どもたちでした。

彼らのうち、女の子は数名いますが、女の子と接するのは、異性のわたしにとってとても難しいと感じることが多いです。私は、教える側の基本姿勢として、相手と横並びになり、その子に愛情と関心を向け、心に届くような身振りと言葉で指導するように努めるのですが、そのようなこちらの意図が全くその子に伝わらない（ように感じる）とき、日ごろの私の指導法の根っこにある前提を否定されるような感覚を覚えたこともありました。私がその子に注ごうとした好意は所詮独りよがりであり、むしろその子にとって私の存在は煩《わずら》わしくて耐えられないのではないか、いつも表情に乏しい彼女の顔を見ていると、そう思わずにはいられなくなるのです。

一方で男の子たちは、安心してなついてくる場合が多く、なつくどころか極端な依存関係ができてしまって大変なこともありました。ある子は毎日のように私の自宅までやってきました。仕事に追われている私は、毎日のように姿を現す彼に対してその都度応対ができるわけもなく、週に一、二回話ができる程度でしたので、あるときその子が一時の激情に駆られて、うちに火でもつけたらどうしようと不安になったこともありました。その男の子は、指導の合間の休憩時間に、自分が持ってきた水筒のコップに楽しそうにジュースやお茶を注いでくれて、毎回それを私に勧めてくれます。ただ、その男の子はずっと全身をまさぐり続けるくせがあるので、勧めてくれる飲み物の中には、よくわからない油みたいなものや鼻水、体毛などが浮いており、それを飲むことに躊躇することもありました。でも「飲んで！　飲んで！」「なんで飲まんと‼」と激しくせがまれるので、その子をそれ以上興奮させるわけにもいかず、息を止めてその飲み物を飲みほしたことも幾度かありました。

楽しい思い出もたくさんあります。ある別の男の子は歴史が大好きで、話し出すと止まりません。目をきらっきらさせながら、いろいろな物語を次々に繰り出します。朝鮮出兵のときに小西行長《ゆきなが》が日本に連れ帰ったとされる〝ジュリア　おたあ〟という女性の存在を、私は彼の話の中で初めて知ったので、彼のきらきらした目を思い出すたびに、数奇な運命を辿ったひとりの女性のことが頭に浮かびます。意識の流れがそのまま溢れ出したような彼の話を聞きながら、私は果たして、彼のような純粋な時間を過ごしたことがあるのだろうか、そんなことを考えることもしばしばでした。他人の視線や言葉ばかり気にして、いつもそれに翻弄され流されている私に比べ、目の前の彼は、なんて自由なんだろう。そう思ったときに、自分の業の深さに気づかされ、罪悪感で胸が締めつけられるような思いをしたこともありました。

ディスレクシアとＡＤＨＤの傾向があると診断された男の子のお母さんの悩みは、夫の無理解でした。自分の子どもが障害を持っていることを認めたがらない、子どもに八つ当たりをする。お母さんが、その子のいないところでいつもそう言うので、私は心配をしていました。

中二の秋、お母さんが来ると聞いていた面談に、思いがけず、お父さんがその子を連れてやってきました。いつも笑顔で教室に入ってくる彼は、いつもと様子が違ってうつむき加減で、来る直前にお父さんからひどい叱責を受けたことがうかがえました。

「先生、うちの子どうですか？　とにかく勉強しないでしょ。おととい出た学校のテストの結果、ひどいもんでしたよ。あんな点数、見たことがない。」

お父さんのわずかに震える声は、やり場のない苛立ちを感じさせるものでした。

「先日、お母さまにもお話ししたのですが、本人なりにけっこうがんばっています。でも、一つのことに取り組んで、それをやり終えるのに時間がかかります。以前よりずっとできることが多くなって、特に数学の計算は、私たちが傍についていればかなり高い精度で解けるようになりました。ほんの一言だけヒントを出せば、堰《せき》を切ったように問題が解け始めることが多くなりました。そういうときは、とても楽しそうに問題に取り組んでいます。でも、学校のテストでは、私たちが隣にいてあげるわけにもいかないわけでなかなか難しいです。せっかく勉強してできるようになった箇所がテストに出ているのに、テストに出ているその問題と、自分が勉強したことを、その場で結びつけることが難しいんです。情報のインプットに時間がかかる分、結果的にそのアウトプットもうまくいかないんです。だから点数にはなかなか結びつきません。この部分については、焦らずに少しずつ成果を見ていく必要があります。」

「……お前、ゲームばかりしてるだろ。」

人差し指を繰り返し机の上に叩きつけながら、私の話を我慢して聞いていたお父さんは、私が話し終えたとたんに、きつい口調で彼に話しはじめました。

「お前、お姉ちゃんがどれだけ勉強がんばってたか、同じ部屋なんだから見てただろうが。できないっていうより、お前のやる気がないだけだろうが。ゲームばっかりしてるから、できないだけだろうが。お前が将来困るから言ってるのに、なんでお前いつもゲームか寝てるか、どっちかなんだよ。だいたいが甘えてるんだよ。」

彼は机の下に沈み込みそうな勢いでうなだれています。

「先生、こいつの母親が甘いんです。まともにがんばったこともないくせに、この子にはこの子のペースがあるとか言って。時間がかかるのは、そもそもがやってないからですよ。あれだけゲームしてサボってるくせに、努力もしたことがない奴が、できないも何もないですよ。勉強が苦手な子とかどこにでもいるじゃないですか。苦手な子でもやればできるようになるじゃないですか。お前、何で父さんがこんなこと話してるかわかってるか。お前が将来困るんだよ。このままじゃお前は仕事はできない。仕事ができないということは生きていけない。俺らはお前より先に死ぬんだ。お前は自分で生きていかなければならないんだ。そのことを理解して、今日から行動しろ。わかったか？　どうだ、え？　何か言えよ。」

彼はうつむいて涙をためていました。私はその後も、苦手なことをやるのはとてもエネルギーが必要であること、少なくとも塾ではかなり集中してがんばっていることなどを説明しましたが、お父さんの苛立ちは収まらず、「先生がうちの子をよく見てくれていることはわかりました。でも、なんで自分の子がこんなダメな人間になったかわからないんですよね」と吐き捨てるように言ったあと、うなだれたままの彼を連れて教室を出ていきました。

二人が去ったあと、私は以前、お母さんが言っていた言葉を思い出していました。

「私は自分で産んだからでしょうか。彼の存在の重さを実感として持っています。でもあの人は、どこかであの子を自分の子と認めていません。障害があると診断されたと話しても、勉強が苦手な子くらい普通にいるよとか言って、それを障害と認めないんです。そうやってあの子の現実を直視せずに、それどころか、それを忌み嫌うんです。私はあの人のそういうところがどうしても許せません。」

お父さんと話した後になって、私はようやくお母さんが言っていた言葉の中身を理解しました。そして私は、お父さんのカチカチと机に指を叩きつける姿を思い出しながら、お母さんも苦しんでいるけれど、お父さんもきっと別の場所で苦しんでいるに違いない、そう考えていました。

彼にとって、司法書士としてのキャリアを積み、信頼を集めているお父さんは誇るべき人でした。塾に入ってまもないころから、彼は、お父さんの事務所での仕事の様子、そこにいるネコのことなどをうれしそうに何度も話してくれていました。そして、その話の中には、彼の誇るべき優秀な姉も登場していました。しかし、その面談の日から、彼の口からお父さんの話や事務所の話を聞くことは、ぱたりとなくなりました。彼はその後も急激に力をつけることはありませんでしたが、それでも少しずつ成果を上げながら努力を続けました。

その一年後の中三の秋ごろ、お母さんからその後の話を聞きました。

「夫が彼に家で暴力をふるうことが多くなったんです。だから彼は夫から逃げるように家を空けることが多くなって、ゲームセンターに入り浸って。そして、夫のことを最近、いよいよおかしいと思っていたら、あの人鬱病だったんです。二ヵ月前に夫と別居して、私たちの生活はやっと安全になって、いまは落ち着いてきてよかったです。」

いつも子どもの心に精いっぱい寄り添おうとするお母さんが、鬱病を患った夫は同情なく冷徹に切り捨ててしまう、私はそのことに深い闇を感じずにはいられませんでした。うまくいかない家庭の中で、きっとお父さん一人が、その元凶として扱われたのでしょう。お母さんにもそうせざるをえない苦しみがあったことは想像に難くないのですが、一方でお父さんの孤独と苦しみはいかばかりのものだったでしょうか。「仕事ができる父」だからこその辛さもあったのではないでしょうか。

家庭でも職場でもそうですが、何かがうまくいかないときに、皆が責任を誰か一人（や少数）に負わせる傾向があります。しかしうまくいかないのは、いかにその人だけのせいに見える場合でもそうではなくて、その場を構成する一人ひとりが原因をつくっています。自分が正しいと思っている人たちが、一人を断罪しようとして犯人捜しをすること自体が、うまくいかない元凶だと考えることもできるでしょう。家族というのは、構成員一人ひとりというよりはその関係性そのものに主体が存します。だから、家族に問題があるとしてもそれを誰か一人だけのせいにすることはできません。このことをもし夫婦間で共有することができれば、困難を乗り越える大きな力となったはずです。

もう一つ重要な指摘をすれば、おそらくこの家庭では、父に対して、母と子が共闘していたことが考えられます。しかし、家族のかたちを健全に保ちたいのであれば、親である父と母が共同して子に対峙するという構図でなければ、それはいびつなものになってしまいます。「母と子」対「父」という関係の中では、母が子を乱用してしまうことは避けられません。子どもをダシにして夫を攻撃したり、夫への不満をそのまま子どもにぶつけたり。それは文字通り、子どもを盾にして自分の身を守ろうとする所作そのものであり、しかもその所作が夫という悪役のせいで自らの中で正当化されてしまうのです。このことは家族から夫を決定的に孤立させ、一方で、子どもを強い不安に陥れることになります。子どもというのは、弱い母、自分を頼る母を簡単には受け止めることはできないものです。だって母というのは子どもにとって困ったときにいつでも舞い戻ることができるホームですから。そのホームが揺らぐことは、子どもにとってひどく困惑する事態なのです。

それにしても、ハンディを持った子どもたちと生活を共にするご家族の労苦は言い尽くせないものがあります。先日、ある別のお母さんとスーパーの前で偶然に会って、二人で立ち話をしているときに「こんなこと言ってはいけないんでしょうけど、本当にあの子の面倒見るのがきつくて……。」そう話したお母さんに、「言ってもいいんですよ。」そう声をかけたとたん、人目も憚らずに大粒の涙が溢れ出したことがあり、そのときにも、やはりこの方たちには厚い支援が必要なのだと感じました。たくさん我慢をしているのに、自分の家族のことだからと、それを他人に訴えることもできずに孤軍奮闘を続ける親や家族には、心を尽くした手助けが必要です。

現在、障害を持つ子や家族を支援する教育・医療機関や福祉施設にはいつくかの重要な役割が求められています。

まず、家族のことは全て自分が引き受けなければならない、とその責任を一身に負おうとしている人に対し、「あなたが全て引き受けなければと思い詰めなくても大丈夫です。いっしょに分かち合ってやっていきましょう」ということをちゃんと伝えることです。

次には、距離が近すぎる家族にとっては難しい、その障害に対する積極的な解釈を、子や家族に提供することです。自立支援、ノーマライゼーション、こういった言葉は、いかにそれが表面的に正しい言葉であろうと、現実的には、障害者は健常者と同じように社会的に自立した生活ができなければならない、という暴力的ともいえる前提内容を含意しています。そこでは健常者の足場は固められ、健常者はその場から一歩も動くことなく、障害者たちにお前らもこちら側に来いとただ呼びかけているだけです。しかし、支援側に求められていることは、そういった前提を崩すやり方です。健常であると自身のことを思っている側が、自分の立ち位置の安定を崩してでも、相手に耳を澄ましてみるということです。相手を自分のほうに連れてこようとするばかりではなく、たまには自分から相手のほうに歩み寄ってみようとすることです。自分にないポジティブな魅力を相手に見出し、それを自分自身の中にさえも発見することです。このような、障害をポジティブに捉え直す支援側の在り方は、子どもの障害と格闘してきた家族からは無責任な理想論と受け取られかねません。でも、親が子に対する心のバリアを超えて子と魂の関わりあいを結ぶためには、それはどうしても必要な手続きなのだということを親に粘り強く伝え続けることが、障害のある子どもたちを支援する輪の中で求められています。

6 良い父親

「死にたい。」そう自分の言葉で表明する子が年に何人かはいます。

その日の夜は、数日前に話したときに「死にたいと思うことがある」という言葉を漏らした、ある高校生の男の子と向き合っていました。

「先生は知ってると思うんですけど、僕はT小学校に行っていました。そこは国語以外のほとんどの授業が英語で行われるような個性的な学校で、いい学校なのかもしれないんですけど、僕にはちょっと合わなかったんです。T小学校には二つ上の姉が通っていました。だから僕も行きたいと思って行ったんですけど、姉はT小学校のいいところを全て生かして卒業したような人で……。英語もめちゃしゃべれるし、TOEICも八百点以上取ったし、おもしろくて友だち多いし……。でも僕はその学校があんまり合わなくて……。なんか、体験プログラムとかいろいろあるんですよ。でも僕はあまり気が乗らなくて……。外国の人たちと交流会とかもよくあるんですけど、日本人との交流も苦手なのに、なんで外国の人と交流するのという感じで……。僕は、その学校の何でもポジティブみたいな空気になじめませんでした。」

彼が自分から小学校時代のことを話すのは初めてのことで、私はその話に注意深く耳を傾けました。

「だから、学校の成績は下がっていくし、姉みたいに英語も自分からしゃべらない。あれってしゃべらないとできるようにならないんですよね。そんなことは自分でもわかってるんですけど、なんで僕、こんなところに来ちゃったんだろうと思って。小四のとき、昼休みに僕が机に座ってひとりで落書きかなんかしてたら、ヨウヘイ君というクラスメートが、僕の机の真ん前に来て言うんです。お前は暗いなあ。しかもわがままだよ。お前、なんか存在がむかつく。わがままは社会で生きていけないんだよ、って。僕はそのあと、わがままって言われないためにどうしたらいいんだろうと思って、みんなに優しくして仲良くしようとがんばって、それなりの成果は上げたと思うんですけど。僕はでもヨウヘイ君に言われるまで、自分が暗いとか思ってなかったんです。わがままとも思ってなかったです。だから言われたときびっくりして、ひどくショックでした。でも、そうやってがんばって友だちと仲良くしゃべっているときも、暗くてわがままという性質が自分にこびりついているような気がして。実際、暗くてわがままなんでしょうけど、そのままいまに至るという感じです。で、僕は父にいつも言われていました。自分が選んだ学校だろ。お前ならもっとしっかりやれるはずって。父は悪い人ではないです。いつも上から押しつける感じじゃなくて、ここはこうしたらいいんじゃないかとか、ちゃんと子どもの気持ちに配慮しながらアドバイスをするタイプの人です。話を聞いてくれるし、それはわかる、と理解を示してくれます。良い人だと思います。でも、言葉では優しいけど、圧みたいのはすごいあります。お前はこうあるべきだっていう本音みたいのがいつも見えるんです。たぶん父は、父なりの成功の方程式みたいなのを持っているんだと思います。でも、それに僕が全然乗ってこない。そのことに対して、父が怒りをためているのがわかります。僕はそのことを申し訳なく思っています。あんな特色のある学校、しかもお金がかかる学校にせっかく入れてくれたのにがんばれなくて、最底辺の成績になってしまったことも、親からすればかなりがっかりだっただろうから、悪いなと思います。」

このとき私は初めて口をはさみました。

「お父さんは、自分で選んだ学校だろ、って言ったそうだけど、でもさ、選んだのって小学校に上がる前の話だよね。お姉さんが行ってたから、自分も行きたくなったというだけの話だよね。それは本当は選ぶとは言わない。選択するというのは、自らの意志で選んだ、そのことに対して責任を持つということだよね。何かが起こってもその責任を自分で引き受けるという意味だよね。でも、小学校に上がる前の子どもに、その責任を理解して判断する力はないよ。だから君は本当の意味で選んではないし、ということは、それについての責任は一切ないと言っていい。それに、小学校が合わなかったことについてもしかたがないよ。だから、お父さんに対して悪い悪いと思っているみたいだけど、いまの話を聞く限り何も悪いとは思えないよ。」

私がそう言い終わると、目の前に座る彼は、ぽろっと一粒の涙を落としました。

「先生がいま言われたこと、理解できます。というか、最近僕がなんとなく理解しはじめていたことを、いま、先生が話してくれた気がします。ありがとうございます。……でも、父に対して申し訳ない、というか、引け目みたいなのはどうしても残ります。父が残念に思っていることが、僕には伝わっていますから。僕は、父が思うような人間にはこれからもなれないことが自分でわかっています。」

先日、死にたい、自分なんて人間は死んだほうがいいと思う、そう言っていた彼の痛みの中心がどこにあるかは、まだわかりません。でも、彼が背負っていた重荷をひとつ垣間見ることができた日でした。

7　良い母親

「中一のときに、父と母は離婚しました。」

先の彼が、目の前に座っていました。

「先生は何度も僕の母のことを良いお母さんと言っていましたけど、僕もそれはわかっています。」

このとき急に、私がこれまでに彼の母のことを「良いお母さん」と言ったことはとても思慮に欠けることで、それはむしろ彼を傷つけたのではないかという考えが頭をよぎりました。

「母は基本的に僕がやることに対して全て肯定的なんです。勉強をあまりにやってないときとか、さすがに声をかけられるときはあるけど、でも基本的に怒ってないし、僕が何を言っても理解してくれます。」

私は彼がこれから何を言い出すか、まだ予想がつきませんでした。

「親が離婚した後、僕は母と二人暮らしになりました。父とは月に一度会うだけになって、いつも父の圧を感じていた僕は正直楽になりました。中学校は公立になったから、前の小学校みたいなポジティブみたいのもなかったですし。学校は楽しくなかったけど、ここの塾はけっこう楽しかったです。」

「そう、よかった。」

「公立になって、急に勉強が簡単になった気がしました。実際、簡単だったのかもしれないです。小学校のとき、学校の近くの野原にみんなで行って、いきなり自分で詩を創作しなさいとか、あと、茶碗を作って、自分で作った抹茶を飲んで、それで日本文化の素晴らしさについて発表するとか、なんかいろいろよくわからないのがあって。先生が、この野原の前に立って何かを感じ、それを詩にしなさい、って言うんですけど、感じなさい、って言われてもどうやって感じたらいいの？　ただ草がぼうぼうと生えてる原っぱを見て、いったいどんな詩が生まれるの？　って思って。僕は、みんなが普通に言われたとおりにやってるからびっくりしました。僕はそういう才能がないんだなーって思って、そのときはちょっとショックで怖くなりました。でも、五年のときのその抹茶の発表のときに、ちょっと気づいたんです。この人たち、単に大人が求めてる答え言ってるだけだなーと。確かにこいつスゲーみたいな人も中にはいたんですけど、でも先生に評価される人たちとかは、そういう大人の好みを言い当てるようなものばっかりでした。いまでもそのときに作った茶碗、家にありますけど、あんな自分で作った変な形の茶碗に抹茶入れて、日本文化の素晴らしさがわかるとかおかしいと思うんですよね。『茶碗から上ってくる抹茶の香りが、私に初めて真の日本の美しさを教えてくれました。それは、自分が心を込めて作った茶碗だからこそ得られた感動でした』とか、そういう、お前本当はわかってないだろうというようなことを平気でしゃべっている人も、そしてそれを簡単にほめる大人も、僕はどっちも嫌だと思いました。僕はああいう情操教育とかいうのがほんとに苦手です。家にある形の悪い茶碗を見ると、いまだに僕はもやもやとした気持ちになります。」

彼は先週以上に饒舌《じょうぜつ》にしゃべり続けました。そうやって小学校時代のもやもやを話す彼は、むしろ楽しそうにさえ見えました。

「で、中学校になったら、そういうのがなくて、ただ目の前のことを覚えていけばいいというのが楽でした。英語の文法も、数学の解法も、そういう規則的なものっていうんですか。そういうのってすごく頼りになります。日本の美しさとかより確かな手ごたえがあるし。塾のおかげもあって、僕は勉強がおもしろくなりました。」

「うん。」

「……でも、僕、受験に落ちたじゃないですか。」

彼が急に高校に不合格になったことを話し出したので、私は少しうろたえました。彼のほうもその言葉を発したとたんに、ぐにゃりと顔が歪んだように見えました。彼は学区で一番の難関校を受験しました。学校の日ごろの成績から見ても、模試の判定結果から見ても、それして長年たくさんの子どもたちを見てきた私の感覚としても、彼は十分に合格できる位置にいたのにもかかわらず、結果は不合格でした。それは、彼を取り巻く全ての人たちにとって驚きの結果でした。彼が不合格のために落ち込んでいる様子を、私はその日まで一度も見ていません。しかし、合格できると周囲も本人も信じていた中で不合格になったことは、どんな形であれきっと彼の心に傷として残っているだろう、私はそう考え、受験後も塾を続ける彼の前で、それについて直に話すことはありませんでした。でも、その彼が、受験から一年以上を経て、私の前で自らそのことを語ろうとしていました。

「合格発表の日、僕は一人で高校の合格掲示を見に行ったんですけど、何度見てもそこに自分の番号がないのがわかって、呆然として母親に電話しました。僕が落ちたというと、母は電話の向こうで多分少し泣いていたと思うんですけど、でも大丈夫、あなたがんばったでしょ、結果は結果であって、あなたは結果には負けたけど、自分には負けていないからと、そういうふうに言うんです。僕はそのとき、すごく嫌な気分でした。母の言葉をそのあと頭で何度も繰り返すたびに、さらに嫌な気持ちになりました。だって僕は自分に負けたから合格できなかったんです。僕は自分でも合格できる力があったと思っていて、でも合格できなかったのは僕の弱さです。僕には油断と隙があったんです。だから合格できなかったんです。母はどんなときも僕を肯定しようとします。でも、こんなときまで僕を肯定しないでほしいと思いました。」

「それで、先生も知っての通り、僕はいまの高校で悪い成績です。本当に僕は、全然がんばっていません。」

自らのことを「全然がんばっていない」と言ったその口ぶりからは、全然がんばっていない僕のことをきちんと見て、そして叱ってほしい。そんな強い意志のようなものさえ感じました。

「でも、母はいまも相変わらず、あなたのペースでがんばりなさいというスタンスです。僕は最近、母を見ているとイライラします。母のことは嫌いじゃなかったはずなんですが、それなのに母を見ているだけでイライラするというのは、すごくきついです。」

僕はこれほどに悶々としたものを抱えていて、その結果こんなにダメな生活を送っているのに、お母さんは、いつもいつも、あなたのことはわかっているわよという微笑みで、僕の苦しみを見ないどころか全て吸収してしまう。怒りを吐き出す出口が見つからない彼は、やり場のない思いを鬱積《うっせき》させて激しくもがいていました。私は、彼が「死にたい」という言葉を口にした日のことを思い出し、彼はこのままでは、母親に自分の怒りを見せつけるために、何か突飛な行動に出ることさえ厭《いと》わないような気がして怖ろしくなりました。彼は「死にたい」というよりも、「死ななければならない」という指令を自分に下さなければならなくなるような差し迫ったものを抱えているように見えたのです。また一方で、彼が圧を感じると言っていた父親が、もしいまも家庭の中にいたら、父親が壁になることで彼の怒りが父親に向けられ、彼はこれほどに未消化のものを抱え込まなくても済んだのかもしれないとも思いました。

私は、彼の母親のことを「良いお母さん」と彼の前で何度か呼んだことを再び考えていました。私は小学生のときに、仲の良い友人が他所《よそ》の大人から「お前のお母さんは碌《ろく》な人間じゃない」と罵倒されて泣いているのを見て、なんてひどい人だ、と思ったことがあり、私はそのときから、子どもに対して、その家族や母親のことを悪く言うほどむごいことはないと信じるようになっていました。だから、そのむごいことを避けるために、良いお母さんだね、という言葉が普段から深い考えもなしに出てきていたような気がします。しかし、彼に向けられたその言葉が、彼の葛藤を深めてしまったとすれば、申し訳ない気持ちでした。

「良い親、良いお母さんなんて、どこにも存在しないのかもしれないね。いま、お母さんのほうも、本当はすごく悩んで葛藤してるかもしれないよ。お母さんだっていつでも何ひとつ文句がないわけではない。かと言って自分の考えを一方的に子どもに押しつけることは許されないと考えている。単に衝突を避けたいという気持ちもあるかもしれない。でも衝突を避けたいと思うこと自体は、仕方のないところもあるよね。だって小学生のときならともかく、高校生になってそんなに体が大きくなった息子と衝突するのは、お母さんだって恐いよ。でもさ、お母さんがいつも優しいということは、お母さんにいつも優しくしてるでしょ。当たり散らしたり、感情をぶつけたりしていないでしょう。ということは、当たり障りのない関係になっているのはお互いさまと考えて、イライラするなら少し距離を置くことを考えてみたほうがいいかもしれない。」

親と子の足腰がどちらも弱いときには、片方がもう片方に寄りかかろうとすると、共倒れになってしまうことがあります。だから、そんなときは足腰が丈夫になるまで待つしかないこともあるでしょう。親と子がそれぞれに自立すること、そしてお互いに依存し合うことは、対の概念として捉えられがちですが、そうではなく、お互いが自分の足で立ってこそ成立するのが本来の依存関係であり、自立のない依存は、自分の足腰の弱さを相手にもたれて補おうとするために、つまり、自身の充足をいつも相手に求めるために、その関係は蟻地獄的にいつまでも満たされない不健全なものとなり、お互いに心身を激しく消耗させるものになりがちです。

彼はそのあと少なくとも表向きは淡々と平凡な高校生活を過ごし、いくつかの大学を受験して首都圏の大学に進み、一人暮らしをするようになったようで、私が知る彼はそこで止まっています。あのとき目の前にいた、穏やかながらも、いつでも物事の本質を摑《つか》まえることばかりに囚われているような生真面目さを持った彼は、いまごろどうしているのだろうと考えます。生きづらさを抱えながらも、何とか自分の苦しみと折り合いをつける方法を見つけられていたらと思います。

8　家庭でも学校でもない、第三の居場所

塾の教室を開いている私のもとに届く不登校についての相談は、数ある事柄の中でも特に多いもののひとつです。学校ではなくてなぜ塾に相談するのか、という疑問が当然予想されるのですが、家庭でも学校でもない塾という場所だからこそできる話のしかたがあると、私は信じています。

彼らと不登校について話すときには、まず前提として、不登校は全く恥ずかしいことではないし、悪いことでもない。何も否定的に取る必要がないということを伝えます。学校になじめずに強い違和感を覚えて不登校になった子に対しては、むしろ学校のシステムや先生、友人たちに疑問を持ち、軋轢《あつれき》を感じてしまうくらいの人間のほうがおもしろいと思うよ、そんなことを話すこともあります。（こういう話は、学校の先生は立場上なかなかできません。）彼らにそんな話をすると、そのうちの半数以上が目に本来の光を取り戻します。彼らの表情が明るくなるその瞬間は、何度見ても嬉しいしドキッとします。彼らの多くは自分に対する否定感情に苦しめられています。いじめを受けて学校に行けなくなった子は、そ

うやって弱い立場に置かれた「敗北者」としての自分の存在に自信を失っているし、朝起きて学校に行くこと自体がなんとなくがんばれなくて不登校になった子は、がんばれない自分に対しての不満や不安を鬱積させています。最近は保健室登校（出席日数だけは確保できる）の子も多くて、彼らも不登校の子と同じように自己嫌悪を募らせています。だから、彼らと話すときには、そういう彼らが囚われている自らを苛む思考をいったん解除することが大切です。いまだって実は十分にがんばっているんだよ、それにまず気づかせることが大切です。しかも、その解除は、家族でもなく、学校でもない第三者によって行われることが効果的です。（家族がそれをやると、甘えや依存に繫がり状況が悪化することが多いし、学校は普段の指導との間に齟齬《そご》が生じるため、その役割には適しません。）解除がうまくいくと、子どもは私の話にぐっと耳を傾けてくれるようになります。自分が第三者から肯定されているというのは、この上ない安心感があるのです。そしてそうなった時点で、学校に行くメリットとデメリット、学校に行かないメリットとデメリットについて、できるだけ公正中立な立場で話をします。このときは、励ますことより、その子が現状把握をできるだけ正確にできるようになることに重点を置きます。不登校というのが、決して道が閉ざされている状況ではないと伝えると同時に、だからと言って安穏としていられるわけでもないことを伝えます。そういう話を通して、その子は現実との向き合い方を知ります。そうやって自分の将来に対する漠然とした靄《もや》のようなものを取り除くだけで、私も前に進んでみようかと考えられるようになる子たちがたくさんいるのです。

子どもは学校と家庭とがその存在の全てを請け負わなければならない、そう親が考えてしまうと、子どもが学校で上手くいかないときに、親も子も閉塞感に苛まれてしまいます。そんなときは、地域のコミュニティーや塾や習い事といった第三の居場所がその機能の一部を引き受ける、そのほうが結局のところ子ども自身も親子の関係もうまくいくことが多いのです。だから、親と子が、学校以外に話ができる場所、話ができる人を摑まえておくのは、とても重要です。しかし、残念なのは、そのことに気づいていない親が多いだけでなく、子どもの責任は親が果たすべきという世間の見えざる圧力によって、その第三の居場所の必要性を高らかに叫ぶことができないという、いまの子育ての環境です。これからもっと意欲的に子どもの居場所づくりを考える動きが広がるといいなと思います。それは子どもにとってだけでなく、いつも子ども以上にがんばろうとしてしまう親をこれ以上追い詰めないためにもきっと必要なことです。

9　子どものいじめと大人の接し方

「日々、戦っている中学生と高校生へ」

一人の人間に対し、複数の人間の暴力や罵声《ばせい》（悪口）が向けられているとき、複数側の人間に加担しないでください。複数対一人はいつだって卑怯《ひきょう》です。

暴力や威嚇《いかく》で相手を屈しようとする人間というのは、自分に真の実力がないことを諸手《もろて》を挙げて認めているのと同じことです。中身がないから、卑屈な手段に訴えないと相手に勝てない部分があるから、暴力に頼るのです。殴る人より殴られる人のほうに真の力があります。

一人で悩まないでください。みんなから無視されたり悪口を言われたりしたとき、一人で抱え込まないでください。助けてくれる人はきっといます。（塾生は私たちがきっと助けます。）

あなたには非はありません。自信を失わないでください。あなたは大切なものは何も失っていません。大丈夫です。

複数の人から無視された場合、悪いのは複数のほうです。どんな理由があろうとも、みんなが「あなたが悪い」と言ったとしても、悪いのは複数のほうです。だから私は他の子全員を否定してもあなたを守ります。

これはみんなに伝えたいことだけれど、一人の人を吊るし上げる複数の子のうちの一人に決してならないで。あらゆる暴力に、決して加担しない勇気を持とう。

これは以前、私の教室に通う子どもたちのために書いたものです。いじめられている子どもたちを励ますために、大人にSOSを出しても大丈夫なんだよということを伝えるために、そしていじめに加担する子どもが増えないようにするために書いたものです。

私はこの文章の中で「いじめ」という言葉を使いませんでした。たったいまいじめに苛まれている子がいたとして、その子が自分でいじめを受けていることを認識するのは、とても苦しいことです。彼らにとって、いじめられていることを認めるのは、自分が弱者であることを認めることと同義であり、それは二重苦ともいえる経験です。いじめていた子どもたちはよく、あいつもニヤニヤ笑っていたからいっしょに遊んでるだけで、そんなに嫌がっているとか知らなかったと言いますが、それは必ずしも言い逃れのための嘘ではありません。いじめの輪の中で、いじめられている子は笑っていることが多く、それがいかに引きつった作り笑いであっても、それがいじめられている子の自尊心を守る最後の砦なのです。そのニヤニヤがさらなるちょっかいの種になり、いじめはエスカレートします。そういう中でも必死に歯を食いしばって自尊心を守ろうとしている子どもたちにとって、「いじめ」という現実的な響きを持つ言葉は、あまりにも残酷な、心をえぐるような生々しい言葉です。だから生徒たちに伝えるとき、私はその言葉を使わずに書きました。

私は、福岡の田舎にある中学校育ちで、私が中学時代を過ごした一九九〇年ごろはかなりひどいいじめが日常的に行われていました。助けを求めようにも、学校の先生たちは自分自身の生存に必死でした。当時は、先生たち自身がいわゆる不良少年たちの格好のいじめの対象になっており、子どもたちを指導するどころか、子どもたちの間でうまく立ち回らないと自身に危害が及ぶ恐れがあったのです。実際に、自動車を破壊された先生、授業中にドレスをハサミで切られた先生がいました。心を病んで学期の途中に休職した先生もいました。そうやって保身で精いっぱいになっている先生たちに、子どもと向き合う余裕などあるわけがありません。でも、いじめの解決について大人に相談できないというのはとても苦しいことでした。

いじめというのは、多くの場合にそれを友人などに話すことができず、一人で抱え込まざるをえません。いじめられている子が、「俺、いじめられてるんだ」と友だちに相談することはかなり稀《まれ》なことです。それは先ほど述べた自尊心に関わっています。いじめられていることを自分で認めるのは自分で自分を辱《はずかし》めることだし、それを友だちに言うなんて何重に自分を傷つけなければならないのでしょう。親に訴えようとする場合、自尊心だけでなく、「大人に言ったらもっと厄介なことになるかもしれない」という心理も働きますから、なおさら子どもは口を閉ざします。

ですから、この問題においてまず肝心なのは、子どもと同じ場にいる大人がいじめの起こりえない空気を作ることであり、それによっていじめを未然に防ぐことです。その空気を作るためにまず必要な条件は、大人（多くの場合は学校の先生）が、私は教室にいるみんなのことが好きで、一人ひとりのことを尊重しているということを子どもたちに日々伝えることです。私はみんな一人ひとりのことが好きだから、そういうことを臆面もなく伝えるのです。そうやって子どもに、あの人は私のことを信頼してくれているという、「信頼されている信頼」の関係をできる限り一人ひとりとつくることです。子どもは、信頼されている人の信頼を積極的に裏切りたいとは思いません。だから、そうやって築いた信頼関係をあえて利用することで、子どもたち一人ひとりの生存を守るのです。

例えばある子が教室内で仲間外れになりそうな気配を感じたら、私はその子のことを尊重していることを、子どもたちの前でさりげなく示します。いろいろな子をほめる中で、さりげなくその子の話を出して、やっぱりこういうところがすごいなあと思ったよ、とやわらかく持ち上げるのです。先生に大切にされているあの子を自分たちが傷つけるわけにはいかない、傷つけたらきっと先生は見過ごさないだろう、子どもたちがそう感じる環境では、なかなかいじめは起きません。「いじめはいけません」と子どもから離れた場所から常識的、形式的に言う先生、いじめが起きたときに「調子乗ったことするなや」と上から抑えつけようとする先生に、いじめを根本的に解決する力はありません。自分のことを好き、信頼してくれている、そんな先生から「何かあったらいつでも先生に言いにおいで」そう普段から呼びかけられるほうが、この人から嫌われたらやばいし悲しい、と思わせるという意味で、いじめをする傾向にある子どもたちにとってはずっと脅威なのです。ただ、こういうことは表面的にやると子どもたちはすぐに気づきますから、技術としてやるのではなく、いじめっ子、いじめられっ子を含む一人ひとりの子どもを愛おしむ気持ちが土台にないと難しいでしょう。そう普段の関わりの中で、子どもたち一人ひとりに心を寄せることがどうしても必要です。そういう意味では、指導者によって向き不向きがあると言わざるをえない側面があります。

最近よくお母さんたちから、ある問題が起こったときに、親は学校にどれだけ働きかけてよいのか？　ということを質問されます。自分の子どもが学校で問題を抱えていると気づいたとしても、その際に、学校の先生に相談することを躊躇《ちゅうちょ》する親が多いのです。子どもが担任を信頼していないときはなおさらで、子どもがあの先生に言ってもどうしようもないと言うから、親はそれなら何もできないと感じることがあります。内申点に影響することや、モンペ（モンスターペアレント）扱いされることを危惧する親もいます。しかし、その問題がいじめに関するものである場合は、事を急ぐ必要がありますから、躊躇せずに行動してください。担任に信頼が置けず、難しいと感じるなら、はじめから教頭や学年主任に話を通すと的確な対応をしてもらえることがあります。学校に相談をする場合は、誰かを責めることなく、心穏やかに、冷静に話すことを心がけてください。しかし、そのようなアプローチをしても問題解決が難しい場合は、無理して学校に通わせないことです。子どもは、学校生活が自分の世界の全てのように錯覚し、その世界から脱落することは、ほとんど死ぬのと同じくらい怖ろしいことだと思いがちです。だから、そういった子たちに対して、いつでも避難所があることを伝えるのは、彼らの生存を守るためには大切なことです。そんなときには、この子が一年、二年くらい学校に行かなくったって別に大丈夫、そんな心持ちで見守りたいところです。

第4章 子どもの未来のために

1　子どもの夢について

親や教師たちと話をしていると、将来の夢がないから、目標がないから、子どもががんばれないんじゃないかしら、という人が多いのですが、私はその説にかなり懐疑的です。

だって、目標があるからといってがんばれるとは限らないこと、逆に目標がなくてもがんばれる人がいることくらい、大人なら誰でも経験的に知っているはずです。目標があるのにがんばれないから悩むし、目標がなくてものめり込んでしまっていつの間にか他の人にはなかなか到達できないような域に達してしまうこともある。人間は自分の意志通りに動けるほど単純ではありません。

長年たくさんの子どもの勉強をそばで見てきましたが、夢や目標がある子はがんばれて、そうじゃない子はがんばれないという傾向は見られません。そして、勉強のやる気がないからといって夢を実現させる力が弱いというわけでもありません。勉強に対するやる気が極端にないように見える子をよく観察していると、その子は常に頭の中がいろんなこと、例えば部活動のこと、友だち関係のこと、大好きな推しのことなどでいっぱいになっていて、他のことを頭に入れる余地が全くないことに気づかされます。彼らはがんばっていないというより、単に頭に入る余地がないだけなんです。すでに満タンになっている頭の中にさらに詰め込もうとするなんて、そもそも無理があるんですね。そういう子を見ていると、この子は生きる力が強いな、と思わず唸《うな》ってしまいます。そんなに頭の中をパンパンに膨れるほどいっぱいにしているなんて、全力で生きている証拠です。このことに気づくと、それほどに全力の人にもっとがんばれなんて言えたもんではないなと思います。そして当の本人は、勉強が自分の頭に入らない理由なんてもちろんわかっていないし、考えてもいないと思います。

一方で、大人の前で「夢や目標がある」と言う子どもの中には、それが内発的な動機によるものかという点では疑わざるを得ない子も多いです。親の前で言ってみたら凄く喜んでくれて嬉しかったことが夢の原点の子もいて、そういう子の中には、いまさら夢の手放し方がわからなくなっている子もいます。そんな子どもに対して、「夢を叶えたいならがんばらなくちゃね」と親が声を掛けるのは、親子関係の地獄のひとつです。子どもはこうして夢という呪縛から抜けられなくなります。こう考えていくと、夢があるのにがんばれない子どもの秘密が少し見えてくる気がします。

「好きなことを見つけなさい」そう言う大人は多いですが、「イヤなら私に遠慮なんかせずにすぐに手放していいからね」そう教える親はあまりいません。でも、子どもは過剰に「親の期待に応えよう」と踏ん張っているかもしれませんから、「親の期待になんか応えなくていい」ということを、時には子どもに教えてあげたほうがいいでしょう。少なくとも、「好きなこと」で子どもを囲うのを大人はやめなければいけません。

もう君の夢は死んでいるよね。目の前の子どもにそう声を掛けたくなったことが何度もあります。でも、そんなことは残酷すぎて口が裂けても言えることではありません。だから決して本人に伝えるようなことはしないのですが。

2　大人になるということ

中学に入って、激変する環境に子どもが馴染めずに、さまざまな心の問題を抱えることは「中一ギャップ」という言葉で形容されます。勉強の進度が急に速くなること、部活動が始まって一日の拘束時間が急に長くなることなど、その原因はさまざまに語られます。しかし、子どもの心を苛む中一ギャップの本質は、そのような物理的なことよりは、もっと精神的なものに根ざすことが多いようです。

中学に入ると、小学校のころの大人の「子ども扱い」が前触れもなく突然に終わり、いきなり大人の世界に投げ出されたような感覚を覚える子どもたちがいます。その鋭敏な感覚を持った子どもたちが訴える変化としては次のようなものが挙げられます。

(1)これまで親密な距離で優しく接してくれていた大人たちが、急に手のひらを返したように態度を変え、まるで敵でも見るような目で自分の言動を監視しはじめる。

(2)学校の教師、部活動の顧問や指導者などの大人たちが、隠していた本性を剝《む》き出しにして、理不尽なことを次々と要求してくる。

(3)小学校時代は優しかった上級生たちが、人が変わったかのように恐い人になっていて、彼らも大人以上に理不尽なことを下級生に強要する。

中一ギャップは、良くも悪くも小学校時代に「箱入り」だった子どもたちが、その症状を訴えやすく（その点、幼少時からスポーツ系のクラブに所属していた子たちはすでに免疫がある子が多いです）、小学校のころは、大人たちはあんなに優しかったのに、なんで中学校に入るとこんなに怖いの？　とその変化に慄《おのの》きます。縦社会が顕在化し、その世界が急に醜悪で怖ろしいものに見えるのです。

私が教えている子たちの学校は、人口一六〇万（二〇二〇年）の大都市の中心部にあり、そこでは先輩と後輩の関係は昔ほど硬直化しておらず、子どもたちは学年を超えて親密な友人関係を結んでいる場合が多いです。それは、先輩が威張り倒していた田舎の中学を出た私にとってはすごくうらやましい環境に見えるのですが、一方で、変わっていないのはむしろ大人のほうで、数日前も女子生徒たちが、部活動の顧問をしている女性の先生に対する苦情を言いに来ました。

「先生の言ったことが、せっかく部員みんなで決めた結論と全然違ったから、部長とふたりで先生のところに言いに行ったんです。私たちの意志と先生の考えは違います。誰も納得していませんって先生に言ったんです。そしたら先生は何かしばらく意味不明なことを言ってたんですけど、それでも納得できないと私たちが言ったら、しまいには『生徒という立場をわきまえなさいっ！』って怒り出すんです。納得してないから話し合いに行ったのに、ありえなくないですか。本当にダメな人だと思います。」

彼女たちが真似する「立場をわきまえなさいっ！」という甲高い声は、その先生の特性を表すのに十分でした。彼女たちが反発するのは、先生がまともに話し合いに応じないことに対してというよりは、先生が自分の力量不足を教師という立場を利用してカバーしようとした点であり、結局はそのことで、自身が生徒を説得するような言葉を何も持っていないことを露呈した点にあります。このように、縦の関係を自分の盾として使う大人は、子どもの目からはすごく傲慢に映るだけでなく、その浅はかさが自分たち子ども以上に子どもじみていると感じさせるから、あの人はダメな人だと、その人間性さえも疑われる事態となるのです。

しかし一方で、中一ギャップと呼ばれる症状が、そういった理不尽で反面教師的な大人たちに馴れることで徐々に快復するというのは、一つの事実としてあるでしょう。近代以前、子どもが大人になるときには、元服や割礼といった通過儀礼《イニシエーション》が存在しました。それは、宗教学者のミルチャ・エリアーデが「実存条件の根本的変革」と呼んだ、自らの存在が裂けるような体験でした。そういった文化を手放した現在の私たちは、大人になるために自分の認識に裂け目をもたらす経験を別に設けなければならなくなりました。それは昔と違って一度とは言わず、二度、三度に分散されることが多い（だから昔ほど意識されることが少ない）のですが、その一度目が中学に入学したてのころに訪れる子が多く、その経験を拗《こじ》らせると、心に問題が生じ、中一ギャップとよばれる症状に至るのです。

このような、通過儀礼をどう乗り切っていくかということは、その子が今後どのような大人になっていくかという選択に大きく関わっています。大人の理不尽さをそのまま吸収して、むしろそれを自分の武器にして活用していくのか、それともその違和感を抱えたままに、子どもらしさを残しつつもなんとかやり過ごしていく道を見つけるのか、はたまた、その違和感を超越的に認知して、社会と他者の間隙に自らの身を投げるのか。

それにしても、中学のころの子どもたちは、自分のそのときの都合に合わせて、子どもになったり大人になったりします。そうやって自在に子どもと大人の境界を行き来して、徐々に大人らしさを学んでいく子どもたちは、見ているだけでおもしろいものです。中一ギャップの時期に、子どもたちは初めて大人の世界に真正面から向かい合い、それを受容することで、一足飛びに大人の階段を駆け上がりはじめます。そうして中二くらいになると、中一のころの受容のしかたに応じて、それぞれがどういう大人を受け入れ、自分はどういう大人になろうとしているか、その子独自の方向性が見えはじめます。そして中三になると、いよいよ子どもたちは大人の顔つきになり始めます。自分の将来への希望を胸に宿し、時に自分の将来について迷い、嘆息します。そういう我が子を見て、親は、ついこの前まであんなに幼かったはずの子どもが、着実に自立への準備をしていることを知ることになります。

3　子育てに熱中すること、子育てから逃避すること

私の父には六人、母には十人も兄弟姉妹がいて、親（祖父母）はどうやって子育てをしたんだろうと、小さいころから何度も想像を巡らせたものです。昔はこんなふうに、兄弟姉妹がたくさんいるのが当たり前で、子に対する親の注意はどうがんばっても分散していたことでしょう。たくさん見逃すこともあったでしょうし、そのせいで困ったことが起こったりもしたでしょう。でもそのぶん、肥料を与えられすぎることもなく自然に育った子どもが、今よりは多かったのかもしれません。

子どもを自然に育てる。

これが親に求められる子育ての原型です。子どもは適切な手入れさえすれば、あとは勝手に育つものなのですから。しかし現在の少子社会においては、どうしても親の注意が子どもひとりに集中しすぎる傾向にあります。そのせいで、親が子どものためにと思ってやっていることが、子どもの自由を妨げることでしかないためにことごとく裏目に出てしまう、こう

いった過ちを現代の親は繰り返しています。でも、ひとりに意識が集中してしまうのはもう避けがたいことなので、いまの親たちは、むしろ子どもを自然に育てるということを目的に行う必要があります。

子どもへのアプローチを自然に行おうと思っても、それが表面的な技巧に留《とど》まるものである限りはうまくいきません。子どもはすぐにその作為に気づいて反発するでしょう。自分の「いま」を見ずに、独りよがりの方法論を押しつける親を、子どもは決して受け入れようとはしないのです。親はときに「自然」をさえ子どもに押しつけようとします。例えば、子どもに構いすぎたからちょっと距離を置こう、といきなり子どもに干渉しなくなる親がいます。このとき親は子どもに構いすぎたことを反省して、自然の状態にリセットすることを企図しているのですが、このことで劇的に子どもとの関係が改善することはまずありません。なぜかと言えば、子どもにとって、親のその判断と行為はむしろ不自然なものだからです。子どもはその作為に気づいて反発するか、もしくは自分が突然に親から放擲《ほうてき》されたことに戸惑い、落ち込んでしまうかもしれません。このような小さなネグレクトは、あらゆる親子間で頻繁に起こっています。本当はこういう時こそ親子が正面から向き合うことが必要だったのに、親はそうやっていつも方法論に逃げてしまいます。方法論に逃げるというのはつまり、子どもも自体から逃げているんです。子どもとの関係を操作する主体である自らの立場を手放すことなく、それなのに子どもから離れようとする、こんなことでうまくいくわけがありません。親に求められるのは、まず自分自身の内側に自然を許すということであり、その自然の声に耳を澄ませて、子どもが求めていると感じたときに、少しくらい感情的になっても衝突してもいいから、子どもと真剣に向き合うことです。

少子時代の親たちの意識が、子どもひとりに集中してしまうことと、そこから親が逃げようとすることとは、相反するようで実は矛盾しません。例えば、中学生になった息子が全然勉強しない、そう嘆くお母さんたちは「でも、中学生にもなって勉強を見てあげるなんておかしいですよね」と口々に言います。しかしこのときのお母さんは、一般論を語っているだけであって、自分の子どものことを見て語っているわけではありません。子どもにはそれぞれにペースがあります。中学生になっても、そばで教えてあげる必要がある子というのはたくさんいます。だから、そういった子は中学生になっても躊躇せずにしっかり見てあげてほしいのです。目の前の子どもに何が必要かを見極めてください。また、子どもが通う塾や家庭教師の先生から、Aさんはこういうところができていません、宿題がなかなかできません、ご家庭で少し見てあげてもらえたら、という話をされた親が、「だから、私たちは仕事もあって、子どもに構う時間がないから、そういうことができるようになってもらえるように、そちらに預けているんですけど」とイライラした口調で話す場面があるのですが、こういう反応が親から返ってくる場合、親はすでに子どもと向き合うことから逃げていて、一方で子どものほうも自分から逃げようとする親に気づいており、それ自体が子どものやる気が出ない主たる原因になっていることが多いです。このような家庭の場合、お母さんがもし、塾や家庭教師のお金を払うために外で働いているのなら、本当は、働いて家庭教師をつけるよりも、自分が家に居て子どもと向き合う時間をつくったほうがいいのです。それなのに、仕事で忙しくしていることが子どもから逃げる言い訳になってしまっていて、向き合うことができていない家庭というのはたくさんあります。子どもに意識が集中する。でもだからこそそこから逃げたくなって、そんな自分に対する罪悪感に苦しめられている親はたくさんいます。

でも、子どもに対して熱心になりすぎてしまう感情と、そこから逃げたいと思う感情は表裏一体であり、どちらも自然な心の働きです。ですから、その二つの感情のどちらをも否定することなく、自分の心の自然をそのまま受け止めてください。心自体は何も間違ってはいませんから。これは子どもと自然な関係を結ぶ上で、大切な作業です。

4 理解のある親と子どもの精神

　ほんの十数年前と比べて精神的に脆《もろ》い子が増えた、最近、そう感じることがたびたびあります。そして、不思議なことに、精神的に脆い子の親ほどなぜか理解のある親である場合が多いのです。そういう子の親は、子どものことを丁寧に見守っているし、さらに、子どもを自分と対等の、一人前の人格としてしっかり認めています。「良いお母さん、お父さんだね。」傍《はた》から見ていて思わず子どもにそんな言葉をかけたくなるような、成熟した親子関係がそこには見られます。

　逆説的と言わざるをえないのですが、このことから、理解のある親のもとでは精神的に脆い子が育ちやすいのではないかという推論が導かれます。いつも親の理解があるというのは、必ずしも子どもにとって幸せなことではないのでしょう。思春期の子どもたちは、親という壁にぶち当たってそこで考えるものです。反抗期は、子どもが親という壁にぶつかることで自我の在り方を構築していく時期であり、子どもが自立をする上で必要な過程です。親が有無を言わさずにNOと言うとき、子どもはそれに強く反発しながらも、親が理屈抜きでそんなことを言うのはなぜなのだろうと考えます。でも、理解のある親は、いつも理を尽くして子どもに説明するから、子どもはすべてに首肯《しゅこう》せざるをえなくなります。でも実際のところ、このとき子どもは、親の話す内容に首肯しているというよりは、目の前の親の存在自体、その関係性そのものに対する同意を求められており、だからこそ、子どもには首肯する以外の選択肢がないのです。その結果、子どもの自由な心の動きは妨げられます。子どもはあらゆる思考実験や試行錯誤の機会を奪われ、間違えたり、時に暴走したりする可能性を初めから封じられて、常に正しさへの忠誠が求められるのです。理解のある親のもとで育った子どもたちは、そうでない子どもたちに比べると、格段に早い時期に大人になることを要請されます。その結果、反抗期を経験しない子どもというのも最近は増えています。でも、思春期の子どもというのは、さまざまな怒りや葛藤を抱えているものです。そういった親のもとでは、親が壁として機能しないために、それらをどこにもぶつけることができないから、やり場のない負のエネルギーが自分の内側に鬱積していきます。それは子どもにとって精神の牢獄とも言うべきものではないでしょうか。

さらに、理解がある親はいつも繊細な眼差しで子どもを見ているものです。でも、その眼差しは、自分の繊細さの延長上にあるものとして、まるで自分の鏡を見るように子どもの繊細さを感受しているにすぎません。そうやって繊細なものとして扱われた子どもは、やはりどこか傷つきやすい、繊細な性質にならざるをえないのでしょう。そのような、自分が受けた傷を確認するような子育てというのは、子どもにとっては、思いの外、残酷なことなのです。

理解のある親は、子にとって決して万能ではありません。むしろ、不作為の同調圧力を仕掛ける巧妙さが、子どもの自由を大きく阻害する可能性があることを見逃さないことが必要です。

5 親にとって子育てとは

かつて子育てというものが、村のコミュニティーや大家族との関わりの中で行われていた時代に比べ、共同体との関係が希薄になった私たちの時代の子育ては、親一人ひとりに孤独で苦しい戦いが強いられています。子を守ることは、同時に子を抑圧することになる。でも、抑圧しすぎると子は育たない。だからといって、抑圧しなければ私はあなたを育てられない。親はそうやって、子の責任を自分独りで引き受けようとするために延々と逡巡を繰り返し、付随する苦しみによってさらにその思考から子どもをいっときも手放すことができなくなります。子どもを自然に育てるということは、親がその思考から解き放たれて子どもに対する力の行使を断念することなのに、それはなんと難しいことなのでしょうか。

それでも、子どもはいずれ親を離れ、自立していくのです。親にとって子の自立は、喜びであると同時に、自分の身を捥《も》がれるような苦痛を伴うものです。あの日、私から生まれた、私自身と同一視せざるをえないような脆弱さをまとっていたあなたが、私の逡巡とは別の場所で、私と別の人格を持ち、私から離れていく。それを認めることの苦しさ、そして、その途方もない心細さ。これは多くの親が共有する感情でしょう。

しかしながら、子の自立は親にとって救いでもあります。私があれだけ間違ったのに、あなたはこれほどに自分ひとりで育ち、立派になった。親はそのとき、子どもに言いようのない頼もしさを感じます。同時に、自分がこれまで子どもに過ちを犯してきたことに気づかされるとともに、子どもの凛《りん》とした立ち姿によって、その行為そのものが浄化されたと感じるかもしれません。こうして、子の自立は、他に代えがたい一種のカタルシス体験として親の身に訪れるのです。子の自立はどうしようもなく寂しくて苦しいことなのに、それが親の救いでもあるとは、子育てというのはどこまでも深遠で不思議なものです。

ところが、その自立さえも、子どもが「自ずと立つ」ことを目撃するのが親である以上、親の一側性の眼差しが関与することは見逃せないことです。先日、テレビである教育者が「親の第一目標であり、最終目標ともすべきは、子を自立させること」と話していましたが、子の自立というのは、目標とすべきことというよりは自ずと為されるものであるはずです。それなのに、目標とせざるをえないところに、それを自らの生の意義と根拠にせざるをえないところに、親の勝手があります。親の苦しさがあります。そうして、その苦しみの飛沫が、ときに子に浴びせられるのです。

親がとうに自立したと思っている子どもが、実のところずっと何事かに心を捉われたまま、一歩も動けずに佇《たたず》んでいる。そういう場面に、私は幾度も出会ってきました。彼は、自立という言葉がいつになっても自分自身にしっくりとこないことに戸惑いながら、いまだに抑圧された過去と、それの反映物としてある現在について、堂々巡りの思考を繰り返しています。彼は、いつも、どこにいても、底知れぬ居心地の悪さを感じていて、今日明日の身を置く場所を探すことに四苦八苦しています。

そんな彼らを見て、私は、少しでも楽になってほしい、その張り詰めた肩の力を抜いてほしい、そう願ってきました。彼らの苦しみは、生来的な実存の問題であると感じられる場合もありましたが、しかし、その多くが親との関わりの中に、煩悶《はんもん》の起源を持っていました。そんな彼らに対してできることがいかに限られているかを思い知ったとき、私は彼らの親に、自らが子どもに行使していることについて知ってもらうべきではないかと考えるようになりました。私はこの本を通して、子どもの心のほうに向いてみたり、かと思えば親の心のほうに傾いてみたり、そうやって自分の軸足が右に左に揺れ動くのを感じてきました。私はどうしても、どちらかだけに軸を置いて話をするということができませんでした。私はこの本を読んでいる親とその苦しみを共有したいと願うとともに、そういう子どもの苦しさを親たちに知ってもらいたいと思い、その意志で文章を書き綴ってきました。

親は誰でも良い親でありたいと思うでしょう。でも、親が思う良い親が子にとっての良い親とは限らないところに、その難しさがあります。例えば、子どもの自立を願う親は「子どもと適切な距離を取るべき」と考えるでしょう。適切な距離を取ることが子どもの自立と幸せにつながると考え、それが親のあるべき姿だと考えるでしょう。でも、適切な距離を取るべきと考える親は、子どもとの依存関係がお互いにネガティブな影響を与えるという可能性について、初めから深い懸念を持っています。だから、適切に距離を取るという狙いをもって親が子どもに接したとしても、実際には、親が抱く関係性に対する深い憂慮ばかりが子どもに伝わってしまうのです。子どもは親の体面ではなく本音だけを鋭敏に聞き分けます。だから、適切な距離を取ることを意識的にやるのはなかなかうまくいきません。

ということは、親に求められているのは、そして親が唯一子どものためにできることは、ただ子どもに近づき、心を寄せることではないでしょうか。それは、子どもが私を必要としている、その声に耳を澄まし、あなたを見ているということを伝えることです。子どもとの適切な距離などは存在しないのです。子どもの「いま」に耳を澄ますことは、ずっと心のエネルギーを使います。それは辛抱を伴うことです。それで、親はついそれを放棄して、楽な方法を選ぼうとします。だからこそ、親がそのことに自覚的になり、もっと子どもに近づくだけで、きっと子どもは変わります。

子どもに心を寄せることは、自分自身の心を見つめることと同義です。自分自身の生活を愛おしく抱きしめられる親は、結果的に子どもに対しても同じことをするでしょう。

子育てを通して、私たちは幾度も自分自身への問い直しを迫られます。自分というのは、なんて不可解でわがままで弱くて脆いんだ、そういうことに気づかされて、そんな自分を認めたくないという気持ちにもなります。子が煩わしいと思って自己嫌悪に陥ったり、子が愛せない自分を憂えたり、子の気持ちより自分の感情を優先していることに気づいて愕然としたり。そんな、子どもをいつも傷つけてしまうような泥にまみれた子育てをしているのに、それでもなお、親は子を愛《いと》おしく思う気持ちから決して逃れることができません。だから親は尊いのです。

日々のさまざまな心の動きを通して、自分を知る、自分になる。そういう人生そのものともいうべき歩みを、子どもといっしょに濃密に積み重ねることができるから、子育てというのは本当に味わい深いものなのでしょう。

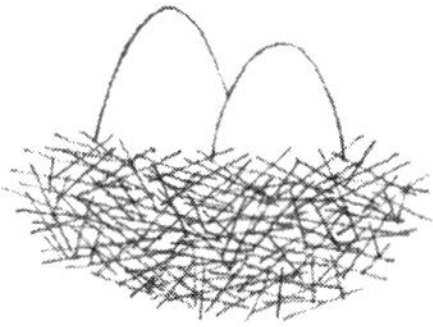

唐人町寺子屋の購買部とらきつね前

あとがき

私たちの教室は、福岡市の中心部に位置する大濠《おおほり》公園のそばにあります。小学六年生から高校三年生まで、百五十余名の生徒が通っていて、彼らは希望する高校や大学に進学を果たすために、日々研鑽《けんさん》を続けています。先生と呼ばれる人たちは十数名いて、高校を中退した子どもたちのセーフティネットになるべく、単位制高校を併設しています。さらに、塾のビル内に美味しいものや雑貨を販売するお店を開いていて、近所の方たちがお醤油やクッキーを買いに来てくれます。売っているものは、福岡のものが多いのですが、沖縄でサドベリースクールを運営しながら美味しい石窯パンを焼いている宗像堂《むなかたどう》さんのパン、熊本の南阿蘇で無

唐人町寺子屋　面談室

農薬の米や野菜を育てながら大地の恵みが詰まった食べ物を作り続ける自然食料理家かるべけいこさんの鉄火味噌など、全国から取り寄せた美味しいものも取り扱っています。普段、子どもたちが黙々と勉強をしている「木の自習室」は、たまにライブ会場やイベントスペースに姿を変えます。寺尾紗穂さんの歌を聞きながら胸を押さえて涙するお母さん、坂口恭平さんから恋愛指南を受けて頬を赤くする高校生の男の子、石川直樹さんの写真を見てひとり旅を決意した中学生の女の子、中島義道さんの話を聞いて哲学書を読み漁るようになった大学生の男の子。小さな空間の中でいろんな覚醒が生まれています。

でも私は、学習塾（または単位制高校）にとっての付加価値を求めてお店を開いたり、イベントを開催したりしているわけではありません。むしろ、学習塾というのは勉強を教えさえすればいいし、社会性や道徳について語り出すような塾はかえって信用ならないとさえ思っています。では、なぜこんな余計なことをしているのかと言えば、それはいろんな状況を抱えた子どもと親がいるからです。迷いなく勉強をがんばることができる子たちはいいのです。学校が楽しい子たちはそれだけで十分です。彼らは環境さえ与えておけば、ほっといてもすくすくと生きる力を伸ばしていきます。豊かな感受性を羽ばたかせてキラキラとした生を満喫する彼らを、私はいつも胸を熱くしながら眩しいものを見る目で眺めています。でも、そうでない子がいるんです。そして、その子どものそばで頭を抱えたまま立ち尽くす親がいるのです。彼らは一本だけ敷かれた既存のレールを外れてしまえば、自分の存在が無に帰してしまうという恐怖に怯《おび》えています。世間に馴染まない自分の属性に対し、否定感情を募らせています。だから私は、そのレールから外れても大丈夫、不安で生きづらいのはきっとあなただけではないし、世の中はこんなに広くて自由なんだ、いろんな選択肢があるし、何なら選択しなくたって生きていける、そのことを彼らにのぞかせることができればと思ったのです。そんなこんなで、彼らが通う教室のすぐそばにとりあえず不思議なものが転がっていればいい、そうすれば、匂いに引き寄せられて必要な人が必要なものと出会うだろうと思い、店やイベントを運営するようになりました。

同じように、私がこれまで書いた文章も、必要な人が出会ってくれたらそれでいい、むしろそれ以上のことはない、そう思って書いてきました。この本が、方法論になりがちな子育ての話とは別の場所で、親と子が心を通わせることができるきっかけをつくることができれば、そのために心に携える手帖代わりになれたら、そう願っています。

最後にひとつ私が大切にしている文章があります。それは、幸田露伴の「趣味」という文章です。これは美しい擬古典文から成り、音読してこそその美しさがわかるものですから本来は原文を読んでいただいたほうがよいのですが、いまは私が読みやすいように意訳したものを載せたいと思います。

趣味というのは、人の思考のことであり、または見識であり、思想であり、気品であり、心のことであります。心は卑しいところを改め、善い方へと正していくべきものでしょうし、気品は清く高くあるべきでしょう。思想は汚れることがなく下品でもないことが求められますし、見識は卑しいところがないことが必要でしょう。嗜好には行き過ぎのないけじめがほしいものですし、趣味がひどく軽薄なのは残念なことです。ですから、自らの手で土壌を作り、自らの手で養い、自らの手で育て上げ、その結果、自分自身の中に自然に生じた心の色が花のように咲き出でた趣味こそを、私たちは特に栄えさせねばなりません。

目の覚めるような華やかなものを好む人がいます。心が引き締まるようなものを喜ぶ人がいます。淡白なものを好む人がいれば、濃厚なものを愛おしく思う人もいます。艶やかな美しさを愛する人がいるかと思えば、渋く古びたものを欲しがる人もいます。このように、人の趣味というのは、ちょうど人の顔の形や人の声色がそれぞれに異なっているように、千差万別です。ですから、自分の基準で他人を正してはなりませんし、逆に、いたずらに他人の真似をして自分を捻《ね》じ曲げようとしても、結局のところ難しくて上手くはいかないでしょう。なぜなら、趣味というのは、人々それぞれに宿る心の花から出た自然の色だからです。その花を染めて元とは異なる色を作り、その花を洗い流して元の花の色にはない別の色に染めたとしても、本当にそれに何の甲斐があるというのでしょうか。それぞれの人の上に咲く花は、根気強く土壌を作り、丁寧に養い育て、充分に成長させて、その結果として自然に表出した色を、春や秋の空の下に心ゆくまで豊かに解き放って、自由に美しく伸ばしてあげなければなりません。人の趣味は、このように、土壌を作り、養い、充分に育て上げることでできあがった、その自然にもとづいた趣味の香りを、ゆったりと世の中に広げ香らせるべきものなのでしょう。

自らに不足があることを知るのは、満足に至るための道です。そして、至らないことを知るのは、高みを目指すための道です。だから、自分の趣味が不十分であることを知って、なおも至らないということを悟る人は幸せです。その人の趣味は、まさにいまも次第に成長し、次第に進歩しようとしているのですから。自分の趣味が幼稚であることを反省もしないで、自分が良いと思うものばかりをいつも良いと思って、自分の興味深いものばかりをいつも興味深いことと考え、高みを目指そうとせず、卑しいところを改めようとしない人には幸いはありません。その人の心の花はすでに石となり、生命を失ってしまっているからです。

髪飾りはいつも黄金がいいと言ったり、着物はいつでも絹がいいと言ったりするのは、欲望というものであり、それは趣味ではありません。欲望は自分を縛り、そこに自由はありません。趣味は自分を縛ることをせず、自由があります。もし、趣味が低くて欲望が強ければ、自分が欲しいものが手に入らないと、その苦悩は際限のないものとなります。一方で、趣味が高くて欲望が薄いなら、仮に自分の欲しいものが手に入らなくても、それとは別のふさわしい楽しみを、一つや二つどころではなく見つけることができるでしょう。ちっぽけな野菊の花を髪飾りにしても、香りの消えた山吹の花を髪飾りにしても、薔薇の一輪が白く膨らんでいるのを髪飾りにしても、梅もどきのいくつかの実の赤いものを髪飾りにしても、その人の趣味から見たときに「良い」とするものであれば、たとえ木や竹の切れ端を髪飾りにしても、そこに満足や喜びがあるに違いありません。時と所におうじて、どんなときも、どんな場所でも、喜びの気持ちを見出すことができるのは、趣味の効用です。欲しいものが得られないと苦しみ、遂げたい願いが遂げられなければ悩み、そのように、自分の心を自分の外にある物の奴隷にして、心がその物に支配されてしまうようになるのは、欲望がそうさせるのです。欲望は人を苦しめ、趣味は人を生かします。だから、趣味の豊かな人というのはなんと幸せでしょうか。

自分に何か得るところがあっても、他人にそれを期待しない、これを徳といいます。自分の心に楽しむことがあって、物事に煩わされることがない、これを趣味といいます。どんなときでも、どうにか十分な趣味さえ持っていたら、荒れ果てた寂しく寒々しい境遇であっても、その趣味によって楽しむことができるでしょう。だから、培わなければなりません、養わなければなりません、そして育て上げなければなりません、人の趣味性を。

子どもへの欲望は私たちを苦しめますが、私たちが心に育てた趣味は、きっと私たちを生かしてくれます。

自分に何か得るところがあっても、子どもにそれを期待しない。そして、自分の心に楽しむことがあるから、子どもだけに煩わされることがない。私たちはきっとそうやって豊かに生きていくことができます。清く正しい子育てから、身を引いてください。どうか、皆さんの生に喜びがありますように。

鳥羽和久

増補版に寄せて

『親子の手帖』の初版が刊行されてちょうど三年が経ちました。読んでくださった方々、そして本を広めてくださった書店の皆さまには感謝が尽きません。

刊行後には思いがけない変化がいくつかありました。

まず、密《ひそ》やかなものとしては、教室に通う子どもたちの親（主にお母さん）たちとの関係性の変化です。本を読んでくださっている方が多いからか、互いに言葉を多く交わさずとも伝わっていると感じることが多くなりました。この変化は、当然子どもたちにも間接的に影響していると思われ、その影響が子どもたちにとって良いものであることを願っています。

そして、大きな変化としては、かつて教室に通っていた卒業生たちが「先生、本を読みましたよ」と声を掛けてくれるようになったことです。彼らは、学生時代には誰にも打ち明けなかったこと、当時は言葉にできなかったことをぽつぽつと話してくれるようになりました。『親子の手帖』を読んで、そうか、先生はこういうことを考えていたんだ、と私を初めて「発見」してくれた子もいたのでしょう。この人には話しても大丈夫と思ってもらえたことが嬉しかったです。彼らが私に話してくれたこと、例えば、家族との確執、受験期に辛かったこと、中学時代に実はいじめにあっていたこと……など、話題は多岐にわたりますが、その中のいくつかの告白は私を大きく揺さぶるものでした。私もやはり「わかっているつもり」の何もわかっていない大人だったんだなと痛感させられました。あんなにいっしょに話したのに、私はあのとき彼がいじめられていたことを知らなかったんだなと思うだけで悔しくて泣けてきました。

こうして三年前の『親子の手帖』刊行後に卒業生たちから聞いた話の一部は、少し形を変えて私の二冊目の単行本『おやときどきこども』（ナナロク社・二〇二〇年）に収録されています。さまざまな子どもたちの肉声が聞こえる本になりましたので、よかったら手に取っていただければと思います。

今回、増補版の刊行にあたり、少し内容を変更しました。具体的には、ローカルな話題の文章を一つ削り、その代わりに三つの文章を加えました。私は教室で具体的な「何かが起こった」ときにそれに触発されて文章を書いているので、今回加えた三つの文章にもやはり、それを書くだけの強い動機がありました。これからも、教育論を上から垂れ流す大人になることなく、その日そのときの子どもたちに感応しながら言葉を紡いでいくことが、私の当面の目標です。

本書のタイトル『親子の手帖』は、子育て中の親に限らず、いまも大人と子どもの間で揺れ動く人たちが、この本を心のどこかに携えてくださったらという思いで付けたものです。増補版の刊行によって、ますます多くの方にこの本が届くことを楽しみにしています。

二〇二一年　四月一五日　鳥羽和久

解説　村井理子

本書を手にする読者の多くは、子どもとの関係に悩み、抱えきれなくなった不安を手放すための答えが知りたくて、切実な思いでページを開いただろう。祈るような気持ちで読み進めたに違いない。そんな読者はもしかしたら、「まえがき」を読んだ時点で、驚いてしまうかもしれない。なにせそこには、私たち悩める親の抱えている不安の正体が、はっきりと記されているからだ。

本書の冒頭から驚いてしまう理由は、薄々理解していたけれど、あえて考えようとしなかったことがらが、次々に記されているからだ。本当はわかっていたけど、指摘されたくなくて逃げていたことに直面せざるを得ないからだ。子育ての正解を探し求めてページをめくった読者に向けて、著者からまっすぐ投げかけられた数々の言葉は、あまりにも率直だ。著者は「子どもに抱いている不安というのは、私が子どものことがわからないことから生じる私自身の不安」と指摘し、親子の関係は、親が子どものことを「わかる」「わかりたい」「わかるはず」と思うあまりにこじれると、「まえがき」の段階ですでに書いている。これらの記述を読んだ私は、しばし呆然としてしまった。そして覚悟して本書を読み進めることになった。そして読み進めるなかで、不安を抱える自分の感情を観察することが、自分の子育てにとってひとつの鍵になることに気づいたのだ。

とても不思議な読書体験となるはずだ。著者の言葉の前で私は、一人の母親ではなく、子どもだった頃の自分に、常に戻るからだ。いつの間にか、本書に登場する生徒たちに自分の幼き日々を重ねている。机に向かって必死に受験勉強をしていたあの日のこと。親と一緒に過ごすことができず、寂しさを抱えていた学生時代。胸に湧き上がってくるこんな思い出と、一冊の本を通して向き合うことになるとは、夢にも思っていなかった。

十代の私の心のなかは、寂しさでいっぱいだったと思う。あの頃の私に、よい成績を取ること、親の望み通りの学校に進学することは、大きな意味を持たなかった。必死に勉強したのは、親の関心を引きたかったから、それだけの理由だ。両親は共働きで、学校から戻っても、いつも家には誰もいなかった。私は母が求めるまま学習塾に通い、勉強し続け、母が私を通わせたいと熱望していた女子校に入学を果たした。

教師にも、友人にも、環境にも恵まれた、素晴らしい学生生活だった。それについては両親に心から感謝している。あのとき私の背中を押してくれて、広い世界を見せてくれてありがとう、心からそう言える。でも、あの日々を思い出すと、心が孤独で満たされてしまう。私が求めていたのは志望校への合格ではなく、両親との時間だった。私は親の望み通りに進学できた自慢の娘ではなく、普通の子どもになりたかった。家に戻ったら誰かがそこにいて、学校で起きたことを話すことができて、なにより孤独を感じない場所、そんな場所にいるだけで、私はきっと誰よりも幸福だっただろう。

子どもの頃に感じたこんな寂しさを、大人になり、二人の息子の親となった今も克服できずにいる自分自身に気づかせてくれたのは、本書であり、著者の言葉だった。「大人もかつては子どもだった」という著者の言葉に行き着いたとき、私は心から安堵した。両親との間にあった距離を、埋めることができたような気がしたからだ。私と息子たちとの関係だけではなく、あの日の私と両親の関係の修復に至っても、今からでも遅くはないと思えるようになった。

もし、どうにもならない強い焦りや不安感に押しつぶされそうになり、切羽詰まって本書を手にしたのなら、まずは「第一章　私の不安を知ることで、子育ては変わる」の3「子どもの叱り方」を読んでほしい。出来れば、いつ何時でも参照できるように、付箋などで印をしておくことをおすすめしたい。なぜなら、私自身がそうしているからだ。

私は自分にまったく自信がなく、自信がないことが原因で、私と同じ痛みを味わうことのないように、子どもをつい甘やかしてしまう。常に子どもの先回りをして、彼らが失敗して落ち込まないように、悲しまないようにと、余分な手を差し伸べてしまいがちだ。そしてそれを拒絶されると、お母さんは傷ついたと大騒ぎし、腹を立てる。最悪だ。息子たちに対して「あなたたちのことを思ってやっているのに、なぜわからないの」と感情的に腹を立てることで、自分の不安を子どもたちに一方的に押しつけている。拒絶されてカチンときているだけなのに、「母はとても悲しい」という演技までくっつけてしまう。そんな目も当てられない私に、まずは深呼吸する落ち着きを与えてくれたのが第一章だ。私の子育ては、この章に記された「子どもの叱り方」を繰り返し読むことで大きく変わったと確信している。

「第二章　親はこうして、子をコントロールする」に登場する子どもたちの姿や言葉には、胸が痛くなるばかりだ。本章を読むときも、私は親であると同時に、子どもでもある。なんて気の毒なことなのだろう、親はもう少し考えたほうがいいと子どもを代表して強い怒りを大人に感じてしまう。この、「親はもう少し考えたほうがいい」という言葉をそっくりそのまま親である自分に向けてみると、とたんに目が覚めてくる。

第二章を読み解くことで、親とは子に大きなプレッシャーを与える存在だと改めて理解することができる。私たち親に必要なのは、子どもを変えようと奮闘するのではなく、まずは大人が変わる必要があることを受け入れる姿勢だ。自分の人生を自由に歩んでいきなさいと言いつつ、その自由を奪ってはいないだろうかと、常に自問自答するのだ。子どもの将来を憂える不安というのは、実はいつでも現在の自分自身に対する不安に基づいているという著者の言葉を心に刻みたい。もちろん、付箋もつけたい。そして本章を読むとき、そうだそうだ！　大人は全然わかってないんだから！　と、著者の後ろでジャンプしながら大騒ぎしている子どもに戻る自分が、とても愉快だ。

発達障害や学習障害のある子どもにどう接したらいいのかわからなくなってしまったら、「第三章　苦しむ子どもたちと、そのとき大人ができること」を読んでほしい。勉強ができる子、できない子という曖昧な捉え方で、そのどちらかにわが子を当てはめることに終始してきた親は、この章で大いに考えを改めるかもしれない。わが家の息子たちは二人とも、それぞれが苦手や困難を持ち、思うように成績が上がらず、努力が実らないといった悔しい場面を今まで何度も経験してきている。同じような挫折や悔しさのなかで苦しむわが子を見て、辛さを感じている親は決して少なくないと思う。親にとって、子どもの苦手を受け入れ、それに向き合うことは、とんでもなく苦しいことだ。それでも、その苦しみを感じているのは、子どもも同じだということを忘れずにいたい。結局のところ、何があろうとも親は子を大切な存在だと思って戦うのだろうし、本書を手にした読者も、子どもを大切に思う気持ちは、きっと誰にも負けないだろう。

第三章まで読んで、まるでボクサーが最終ラウンドに辿りついたかのようにへとへとになって、息も絶え絶えに第四章へと進む読者がいるかもしれない。第四章は、少し肩の力を抜いて、著者の言葉をかみしめるように読むことが出来るはずなので安心してほしい。同時に、さあこれからが仕切り直しと、小さな闘志を燃やすことができるかもしれない。子育てには、自分自身を慈しみ、自分の人生をしっかり歩むことも大切だ。わかっていたけれど、一番ないがしろにしてきた何かを取り戻すチャンスなのだ。あなた自身を大切にしよう、子どもに伴走する体力をつけよう。きっと、素晴らしい再スタートを切ることができる。

いま、福岡で著者の学習塾に通うことが出来る子どもたちがうらやましくて仕方がない。もし私が著者の塾の生徒だったら、もしかしたら、私はまったく別の道を歩んでいたかもしれない。今となっては想像も出来ないようなジャンルに興味を持ち、違う職業を選んでいたかもしれない。私は読書がなにより好きな子どもだったが、もっとたくさんの本に触れていたかもしれない。そしてなにより、休みなく働いていた母は、もう少し楽に子育てができたのではないだろうか。あとがきを読みながら、そんなことを考えた。何度読み返しても、その都度新しい発見がある不思議で力強い一冊だ。ときに辛辣で、容赦ない。だけど、その言葉の向こうには、子どもを信じ、理解する著者の姿が常にある。

子どもたちが巣立ったあとも、私は本書を読み続けるだろう。なぜなら、かつて子どもだった私が両親から聞きたかった言葉、知りたかった二人の気持ちを、本書が私に伝えてくれているからだ。本書がそんな大切な経験を私に与えてくれたことも、書き添えておきたい。

親子の手帖 増補版

定価（本体1400円＋税）

2022年2月5日　初版第2刷発行

著　　者　鳥羽和久
発 行 者　百瀬精一
発 行 所　鳥影社（www.choeisha.com）
〒160－0023
東京都新宿区西新宿3－5－12　トーカン新宿7F
電　話　03－5948－6470
FAX　0120－586－771

印刷・製本　シナノ印刷

ISBN978-4-86265-897-5 C0037